W0400473

Mosaik bei
GOLDMANN

Buch

Immer mehr Frauen haben den allgegenwärtigen Schlankheitswahn und den um sich greifenden Fitnessterror satt. Sie wollen sich nicht länger an dem von Männern gemachten, unrealistischen Schönheitsideal der Mode-Industrie messen lassen und gehen auf die Barrikaden gegen die stillschweigende Diskriminierung der Molligen. Mit Power und Sachverstand packt Margit Schönberger, die selbst voll zu ihren Pfunden steht, das Thema Figur »von der anderen Seite« an. Sie geht den Ursachen von Übergewicht und den Vorurteilen gegenüber Dicken auf den Grund und erobert rundlichen Frauen das Selbstbewusstsein zurück. Denn die Autorin weiß zu überzeugen, wie sexy weibliche Rundungen sind und wie wenig Attraktivität, Erfolg und Lebensfreude mit Körpergewicht oder Idealfigur zu tun haben. Schluss mit Frust und mit dem Neid auf die Superschlanken! Wer schon nicht abnehmen kann, sollte zunehmen – an Selbstvertrauen!

Autorin

Margit Schönberger ist Journalistin und Autorin mehrerer erfolgreicher Sachbücher. Sie war lange Zeit Leiterin der Presse- und Öffentlichkeitsarbeit einer großen internationalen Verlagsgruppe und hat sich anschließend als Literaturagentin selbstständig gemacht. Sie ist verheiratet und lebt in München.

Von Margit Schönberger außerdem
bei Mosaik bei Goldmann

Mein Chef ist ein Arschloch, Ihrer auch? (16649)
Das kleine Buch der Laster (16683)

Margit
Schönberger

Wir sind rund, na und?

Mosaik bei
GOLDMANN

Umwelthinweis:
Alle bedruckten Materialien dieses Taschenbuches
sind chlorfrei und umweltschonend.

1. Auflage
Originalausgabe Mai 2005

ein Unternehmen der Verlagsgruppe Random House GmbH
Umschlaggestaltung: Design Team München
Illustrationen: Christin Ogger
Satz: Barbara Rabus, Sonthofen
Druck: GGP Media GmbH, Pößneck
Verlagsnummer: 16505
WR/BS · Herstellung: Stefan Hansen
Printed in Germany
ISBN 3-442-16505-9
www.goldmann-verlag.de

Inhalt

Ich bin rund, na und?

Ich bin rund … Warum?

Es ist herrlich, rund zu sein!

Ich bin rund, na und?

KAPITEL 1

Wer spricht denn da?

Wer ein solches Buch schreibt, muss es sich erlauben können, das heißt das richtige Gewicht auf die Waage bringen. Ohne es in Kilogramm nachweisen zu können – ich halte nichts von Statistiken, es sei denn, ich kann sie selber zu meinen Gunsten fälschen –, glauben Sie mir und denen, die mich persönlich kennen: »Ich darf.« Und deshalb sollten Sie gleich zu Beginn erfahren, was ich für eine Sorte Runde bin. Denjenigen, die mein »Kleines Buch der Laster« kennen, wird mein »sündiger« Lebensanfang bekannt vorkommen:

Ich gehöre zur Nachkriegsgeneration und hatte das Glück, auf dem Land geboren zu sein, wo niemals Schmalhans Küchenmeister war. Ganz im Gegenteil. In der Küche meiner Großmutter wurde so gekocht, wie es für schwer arbeitende Bauersleute notwendig und üblich war, und es vergingen etliche Jahre, bis modernere Ernährungserkenntnisse bei Mutter und Tante – inzwischen zu Stadtmenschen geworden – angekommen waren, so dass Mehlschwitzen und andere Kraftmeiereien aus unseren Küchen verschwunden waren. Für meinen Geschmackssinn kam dieser Wandel zu spät – ich war schon als Kind nicht gerade zierlich, und meine Zunge hatte beim Heranwachsen eine fatale Vorliebe für alles entwickelt, was rund war – einer meiner Essensspitznamen war bezeichnenderweise »Knödeltiger« – und rund machte. Psychologen haben dafür eine wenig schmeichelhafte Erklärung: Sie behaupten kurzerhand, jemand wie ich sei in kindlichem Essverhalten steckengeblieben. Und es stimmt leider: Ich beiße nicht gern hart (außer krosse Schweinebratenkruste) und ich mag nicht gerne scharf und schon gar nichts, was bitter ist …

Da es immer mehr als genug Fleisch bei uns gab, stürzte ich mich reflexartig auf alles Beilagige und natürlich auf Süßes. (Darum sind Metzgerstöchter rund und Bäckerstöchter schmal – wovon man wenig hat, danach steht einem stets der Sinn!)

Die Lieblingsspeisen meiner Kindheit …

… lassen mir heute noch das Wasser im Mund zusammenlaufen, wenn ich nur an sie denke:

Paprikahuhn mit Paprikarahmsoße und Semmelknödel, Wiener Schnitzel mit Gurken-Kartoffelsalat, Backhendl mit grünem Salat, Tellerfleisch mit Semmelkren, Bratkartoffeln, Schnittlauchsoße und Apfelkompott, Grammelknödel (für Nicht-Österreicher: Grammel sind Grieben, also der feste Rest, der bleibt, wenn man Speck in der Pfanne auslässt) mit Sauerkraut, überhaupt jede Form von Knödel (für Nicht-Österreicher: Klöße), Schinkenfleckerl, Geselchtes (für Nicht-Österreicher: Geräuchertes) mit Knödel und Sauerkraut, Nudelsuppe mit Wiener Würstel (Frankfurter), Gulasch mit Semmelknödel, lauwarmer Krautsalat mit Speck, serbisches Reisfleisch, Tomatengulasch, Majorankartoffeln, Kartoffelsuppe mit Debrecziner, jede Form von Strudel (ob sauer oder süß), jede Form von Krapfen, Palatschinken (für Nicht-Österreicher: Pfannkuchen) mit Aprikosenmarmelade, Kaiserschmarrn mit viel Rosinen, Rohrnudeln, Marmorkuchen, jede Form von Hefekuchen und Blätterteig, Sachertorte, Zwetschgenbovesen (für Nicht-

Österreicher: zwei Weißbrotscheiben, in der Mitte mit Zwetschgenmus gefüllt, in Pfannkuchenteig getaucht und in heißem Fett herausgebacken), jede Form von Pudding, Reisauflauf mit Äpfeln und Rosinen, alle Varianten von Kompott …

Miteinander essen ist Zuwendung und Wärme

Jeder Ernährungsexperte schlägt bei dieser Aufzählung natürlich entsetzt die Hände über dem Kopf zusammen, denn es ist passiert, was nicht ausbleiben konnte: Um mich haben sich all diese Herrlichkeiten jedenfalls wie eine schützende Hülle gelegt. Aber eines weiß ich ganz genau: Unsere Art zu kochen und zu essen hat ganz bestimmt auch dazu beigetragen, dass ich eine glückliche Kindheit in Erinnerung habe. Wir waren viele Leute um den Tisch, Essen war Zusammenkunft, Zusammenhalt, Kommunikation, Wärme.

Wenn ich die jungen Leute (und nicht nur die) heute in den resopal- oder plastikmöbelbestückten Fastfood-Restaurants an ihren Doppeldeckern mümmeln sehe, kommen sie mir immer vor wie Großmutters Küken, die sich unter der Wärmelampe drängeln, um nicht verlassen und allein zu sein. Und unter uns: Ich bin lieber von Rahmsoßen, Knödeln und Krautsalat mit Speck dick geworden … fröhlich am tischtuchgedeckten Tisch mit meinen Leuten …

Und die andere, die diätbewusste Seite unserer Zeiten ist ja auch nicht viel sinnenfreudiger:

Das moderne Herumstochern im Salat hat nicht nur mit unserem heutigen Schlankheits- und Jugendwahn zu tun, sondern auch damit, dass so viele Einzelne einsam in ihren Singleappartements sitzen und ihre Karotten vor den Spätnachrichten im Fernsehen in sich hineinmampfen wie Stallhasen.

Nur nicht so munter. Das sind auch diejenigen, die sich im Drei-Sterne-Restaurant (auf Firmenspesen) vor ihren Gästen mit ihren Gourmetkenntnissen gebrüstet haben, so lang sich ihr Arbeitgeber das noch leisten konnte.

Wer noch niemals vom Guten zuviel genommen hat, es sich verbietet, den Rest der Morchelrahmsoße mit Weißbrot vom Teller aufzutunken, wer nicht weiß, wie es ist, eine Kuchenteigschüssel mit dem Finger auszuschlecken, nach den »Tagesthemen«, der »ZiB 2« oder »10nach10« ein Stück reifen, schon fast laufenden Camembert mit einer geschälten Birne als zweite Abendmahlzeit zu sich zu nehmen, wer noch nie am Nachmittag im Büro eine Runde Kuchen ausgegeben hat, um bei der Bekämpfung des abfallenden Blutzuckerspiegels Gesellschaft zu haben, und wer noch nie einen zweiten Grappa getrunken hat, obwohl die Restaurantrechnung schon bezahlt war, der mag schlank sein und diszipliniert und etwas vom Erbsenzählen verstehen. Aber mein Leben und das derer, die ich liebe, würde ich diesem Menschen nicht anvertrauen. (Und unter uns: Einen Gebrauchtwagen würde ich demjenigen auch nicht abkaufen! Mit so einem Musterschüler stimmt doch etwas nicht, finden Sie nicht auch?)

Es ist wirklich schade, dass die Spaßgesellschaft so wenig von Freude versteht. Freude am Essen, Freude am Trinken – ist das nicht der »Kitt«, der Leib und Seele und damit auch die Gesellschaft zusammenhält?

Wenn dabei ein paar Rundliche mehr herauskommen, was macht das schon? Auf jeden Fall sind wir kein billiger Durchschnitt …

Brot ist schwer verdient

Wenn ich früher dabei erwischt wurde, Wurst ohne Brot zu essen, gab's natürlich allein schon aus pädagogischen Gründen Ärger. Nur mein Großvater nahm mich in Schutz. Er sagte bei solchen Gelegenheiten zu meiner Verteidigung: »Brot ist schwer verdient!« Ihm habe ich nicht nur unendlich viel Liebe und ein großes Stück Urvertrauen zu verdanken, sondern auch viele ganz unvergessliche, lebensprägende Glücksmomente. Jeden Vormittag um zehn Uhr bekam er beispielsweise sein Weinchaudeau. Und ich durfte es zubereiten: Wein wird mit etwas Zucker kurz aufgekocht und zusammen mit einem Eidotter schaumig gequirlt. So lernte ich nicht nur schon als kleines Kind von meiner Mutter, wie man ein Ei aufschlägt und das Eiklar vom Dotter trennt, sondern auch, wie wunderbar Weinschaum schmeckt. Denn den durfte ich oben aus dem Glas ablöffeln. Großvater schenkte mir auch großherzig die Rosinen aus seinen Gugelhupfstücken, nachdem mir verboten wurde, sie aus den Schnittstellen des noch ganzen Kuchens herauszupulen. Nur Großzügigkeit lehrt einen Menschen Großzügigkeit. Es ist mir nie im Leben schwer gefallen, mit anderen zu teilen: Geteiltes Glück ist doppeltes Glück.

Derartige Kindheitserinnerungen prägen jeden Menschen, sind bleibende, im Seelenfleisch tief verwurzelte Wohlfühlmomente. Gefühle, die darüber bestimmen, wie man die Welt betrachtet, wie man ihr gegenübertritt und was man von ihr erwartet. So kann man das Leben als großzügiges, freudenspendendes, spannendes Abenteuer betrachten, das – vielleicht – wunderbare Überraschungen bereithält und das einen in die Lage versetzt, selbst großzügig zu sein und anderen ebenso zu begegnen, ihnen die eigenen guten Gefühle und Erfahrungen auf die verschiedenste Weise zurückzugeben.

Wem früh versagt oder gar verboten wurde,
aus der Fülle der kleinen Dinge zu schöpfen,
der wird Probleme haben, mit sich und
anderen wirklich freundlich umzugehen.

Das erst als Halbwüchsiger oder gar Erwachsener lernen zu müssen, ist dann ein mühsamer, schmerzhafter Prozess. Und manchen gelingt es nie. Das sind diejenigen, die den Alltag grau machen und Sand in jedes Getriebe bringen, egal ob beruflich oder privat. Es sind diejenigen, die jedem

Trend nachlaufen, das Image von teuren Markenartikeln mit ihrem eigenen verwechseln, ihre Partner, Kollegen und Mitarbeiter aussaugen wie Vampire – alles nur deshalb, weil sie nie erfahren haben, wie es ist, vom Guten soviel nehmen zu dürfen, wie man möchte.

Sie sind rund? Na und? Wenn es uns Runde nicht gäbe, wüssten die Schlanken gar nicht, dass es sie als Kategorie gibt!

Wäre es nicht schrecklich und uniform, wenn wir alle gleich daherkämen, als wären wir von einem Fabrikband gelaufen? Wir alle sind kein Zufall, sondern die Verwirklichung göttlicher Ideen – jeder Einzelne. So rund (oder so eckig) wie wir nun mal sind. Und das ist gut so.

KAPITEL 2

Die Molligen und ihr Image

Auf die Frage »Was möchten Sie an sich ändern?« antworten mehr als sechzig Prozent aller Frauen, dass sie abnehmen möchten. Kaum ein junges Mädchen, kaum eine erwachsene Frau, die nicht findet, sie sei zu dick, und die nicht gerade dabei ist, ein paar Pfund abzunehmen. Oder erklärt, dass ihre viel zu großen Fettpolster auf den Hüften mit einer brandneuen Diät bekämpft werden müssen. Ob Kartoffel- oder Ananas-Diät, Hollywoodkur oder die Krautsuppenwunderwaffe für Blitzabnahme – angeblich von Chirurgen empfohlen und von Sterneköchen rezeptveredelt – alle diese Namen, jede Woche ergänzt durch neue, schwirren wie Schlagworte, die keiner Erklärung mehr bedürfen, durch unsere Gespräche. Wer »in« sein will, hat diese Diätvarianten zu kennen, ebenso wie die Namen der angesagtesten Köche und Top-Restaurants.

Das Erfinden von neuen Abmagerungskuren ist eine verdienstvolle Angelegenheit – im wahrsten Sinne des Wortes. Noch nie ist ein Buchverleger auf seinen Diätbüchern sitzen geblieben, und die Medien – ob gedruckt oder elektronisch – zählen jede neue Diät zu den drei todsicheren Quotenbringern: Denn Diäten, Tiere und Kinder gehen immer …

Schwere Männer haben es leichter

Die Schlankheit ist zum Fetisch unserer Gesellschaft geworden. Der schlanke, sportliche Mensch verkörpert das Schönheitsideal unserer Zeit – und das schon seit den zwanziger Jahren des vorigen Jahrhunderts.

Damit haben schwere Zeiten für Runde oder gar Dicke, speziell aber für so geformte Frauen begonnen. Denn weit mehr als der Mann ist die Frau dem Schönheitsdiktat unterworfen. Anders als er, wird sie immer noch in erster Linie von ihrer äußeren Erscheinung her beurteilt. Einem Mann sind ohne weiteres dreißig oder vierzig Pfund Übergewicht erlaubt, ohne dass es für ihn besondere gesellschaftliche Folgen hat. Ja, er hält sich selbst dann häufig nicht einmal für dick, und er wird auch meist weder in seinem Bekanntenkreis auf seine Pfunde angesprochen, noch hat es in der Regel Folgen für sein Berufsleben. Dieses Messen mit zweierlei Maß haben wir bereits so verinnerlicht, dass sich das sogar in schriftlicher Selbsteinschätzung widerspiegelt: Bei einem Test wurden Männer und Frauen aufgefordert, ihren persönlichen Scherenschnitt von sich zu machen: Die Männer machten sich dabei alle schlanker, als sie wirklich waren, und die Frauen alle dicker, als es der Realität entsprach!

Die Figur spielt im Bewusstsein des durchschnittlichen, erwachsenen Mannes keine vordergründige Rolle, während sie im Innenleben der meisten Frauen eine zentrale Position einnimmt. Womit man sich jedoch andauernd beschäftigt, das bekommt man nicht los. Während sich Frauen ununterbrochen mit dem Gedanken an ihr Aussehen beschäftigen, kümmern sich Männer um den Lauf der Welt oder zumindest um ihre kleine oder große Karriere.

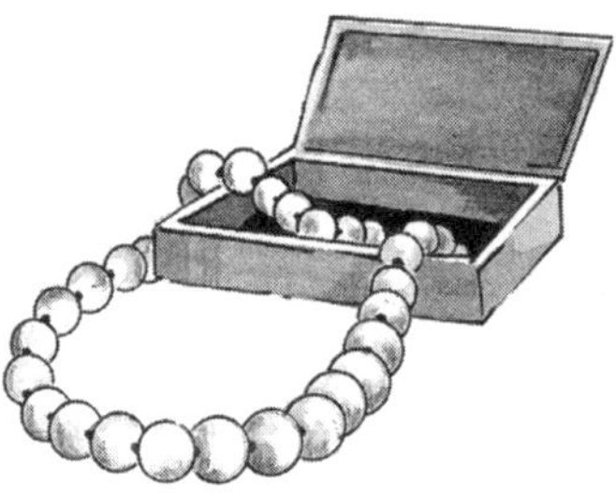

Dicksein ist eine Rebellion

Der selbstverordnete Leidensdruck in puncto Gewicht vereint alle Frauen in allen westlichen Zivilisationen.

Hohes Sozialprestige gewinnt in diesen Ländern überall nur die schlanke Frau. Als Mollige muss man schon eine wirklich dicke Seelenhaut haben, um die Nachteile des Andersseins auszuhalten. Wir müssen mit abfälligen Bemerkungen rechnen, zumindest aber mit erstaunten bis missbilligenden Blicken – und zwar von Männern *und* Frauen. In modischen Geschäften werden unsere Kleidergrößen meist immer noch nicht geführt, und es wird oft so lange an uns herumgemäkelt, bis wir uns zwangsläufig monströs und hässlich vorkommen.

Noch immer gilt oft der uralte Zopf: »Ein Mann muss nicht schön sein, auf seinen Geist kommt es an!« (Ach du lieber Himmel, da müsste so mancher Politiker oder Experte aber dringend von den Bildschirmen verschwinden, denn eine Großzahl von ihnen hat keines von beidem zu bieten.)

Eine Frau jedoch muss auch heute noch schön sein, weil mit ihrem Geist noch immer eher selten gerechnet wird.

Und die Massenmedien tun das ihre, um uns Frauen zu suggerieren, dass wir glücklicher werden, wenn wir der allenthalben gepriesenen, knochendürren Kleiderstangenmode nacheifern. Frauen müssen hungern, um in die von der Modeindustrie vorgegebenen Größen zu passen, diesen Gedanken muss man sich mal in Ruhe vor Augen führen! Was wohl passieren würde, wenn auch die Schuhhersteller so agieren würden?

Dass die Medien und die von ihnen gemachten Stars vom »großen Glück«, das hinter dieser wunderbaren Schönheit steckt, nur wenig bis gar nichts erzählen, muss einen nicht wundern. Wer kann es denn schon wirklich erstrebenswert finden, sich wochenlang nur von Joghurt und Salat (ohne Öl!) zu ernähren, stundenlang wie ein Hamster im Rad zu laufen und Gewichte zu heben, als würde man Gouverneur von Kalifornien werden wollen. Fast alle Dinge, die einem »normalen« Menschen Freude machen, sind bei diesen »beautiful people« verboten. (Daher kommt wohl auch der Begriff »happy few«.) Der Lohn dafür ist, dass sie für Millionen Menschen unerreichbares Vorbild sind.

Das Unerreichbare als Ziel?

Man kann es drehen und wenden wie man will:

Jeder zweite Erwachsene in unseren Wohlstandsbreitengraden entspricht nicht dem Normalgewicht (vom Idealgewicht gar nicht zu reden!).

Wie kommt das nur, wenn sich doch fast alle Frauen um nichts so sehr sorgen und bemühen wie um ihre Figur? Kann es sein, dass wir Frauen so schwach sind bei der

Durchsetzung unserer Ziele? Oder sind wir vielleicht doch nur mit halbem Herzen bei der Sache? Vielleicht haben die Feministinnen Recht, wenn sie behaupten, Dicksein stelle eine Rebellion gegen die soziale Stellung der Frau dar, sei ein Protest gegen die Behandlung als Leibeigene, die für die Bequemlichkeit des Mannes da zu sein hat, seine sexuellen Wünsche befriedigen muss und dafür aller ihrer Existenzsorgen enthoben wird. Und es stimmt schon, je mehr eine Frau heute dem propagierten Schönheitsideal entspricht, desto größer ist die Wahrscheinlichkeit, dass sie als Sexobjekt eingestuft wird.

Vielleicht will wirklich so manche Frau ihre ideale Figur unbewusst gar nicht erreichen, weil sie es wenig erstrebenswert findet, dass Männer hinter ihr herpfeifen oder ihre Arbeitskollegen sie als abschleppbare Beute betrachten, die man beruflich nicht ernst nehmen muss.

Bei der Befragung runder und dicker Frauen hat man tatsächlich festgestellt, dass die meisten entschieden Wert darauf legen, von ihrer Persönlichkeit und nicht von ihrer

Figur her beurteilt zu werden. Kommt sofort der hämische Einwand der Schlankheitsfanatiker: »Bleibt ihnen ja auch gar nichts anderes übrig!« … Man hört es förmlich. Da diesen Wunsch nach charakterlicher Beurteilung aber auch schlanke Frauen äußern, erübrigt sich jede spöttische Anmerkung.

Wie kommt es also, dass keine Frau dick sein möchte, aber fast jede an zu vielen Pfunden leidet? Wenn es vielleicht nicht gerade ihr salatgepflastertes Ziel ist, eine Mannequinfigur zu erreichen, so möchte doch jede – ausnahmslos, behaupte ich und nehme mich nicht aus – schlanker und damit in ihren Augen schöner werden.

Jede Abspeckkandidatin hat doch schon im Gespräch mit wirklich schlanken Frauen folgende Erfahrung gemacht: Sie erzählt, wie unglücklich sie über die überflüssigen Pfunde ist und dass sie jetzt mit einer Diät beginnt. Das schlanke Gegenüber, mit makelloser Figur, schneidet ihr das Wort ab und schildert in allen Fastenfarben, dass sie das jetzt auch macht, weil sie sich im Spiegel nicht mehr sehen könne. Da bleibt einer Dicken der Mund offen stehen, und wieder ist ihr ein großer Schmerz zugefügt: Sie erfährt, dass ihr eigener Körperzustand außerhalb jeder Diskussionswürdigkeit ist. Wenn die Latte so hoch gehängt ist, dass auch die Figurperfekten unter Gewichtsdruck leiden, dann sinkt doch jeder Mut und jeder Elan, es seinerseits überhaupt zu versuchen.

Diese Dialoge spielen sich täglich in unseren Breitengraden zigtausendfach ab, und sie beweisen, wie überaus wichtig alle Frauen ihre Figur nehmen und dass das Wort Schlankheitswahn nicht verkehrt gewählt ist.

Für viele Frauen ist ihr Gewicht zum Dreh- und Angelpunkt ihrer Existenz geworden, und über all dieser Rederei und Quälerei gehen sie achtlos vorbei an den wirklich schönen, wichtigen Dingen des Lebens.

Bei so viel Oberflächlichkeit dürfen wir es den Männern gar nicht übel nehmen, wenn sie uns gelegentlich so einschätzen, wie wir es gar nicht gerne haben.

Vom Warten auf den großen Tag

Die meisten Frauen mit Figurproblemen kümmern sich erstaunlicherweise gar nicht um den gesundheitlichen Aspekt ihres Übergewichts. Das vordringliche Problem ist für sie das äußere Erscheinungsbild. Dabei legen viele ein geradezu paradox erscheinendes, merkwürdiges Verhalten an den Tag.

Sie vernachlässigen ihr Äußeres total, sorgen weder für einen ordentlichen Haarschnitt und rechtzeitiges Nachfärben noch für schicke Kleidung, geschweige denn für ein Make-up.

Der Grund ist darin zu suchen, dass diese pummeligen Wesen ihren gegenwärtigen Zustand als so hässlich empfinden und ihn so sehr ablehnen, dass sie jeden Versuch einer Verschönerung ohnedies für verlorene Liebesmüh halten.

Sie leben nicht in der Gegenwart, sondern ganz auf die Zukunft ausgerichtet: auf den Tag, an dem sie endlich ihre Traumfigur haben.

Diesem Tag gehen sie mit strähnigen Haaren, geplatzten Kleidernähten und auf schiefen Absätzen entgegen. Wenn sie erst einmal schlanker und damit schöner geworden sind, sagen sie, dann wollen sie sich auch herausputzen.

Dieses gegenwartsverleugnende Verhalten kann zu extremen Auswüchsen führen: Da wird zum Beispiel der Kauf eines dringend benötigten neuen Wintermantels um acht (!) Jahre hinausgeschoben, in der Hoffnung, eines Tages ein wirklich schickes Traummodell tragen zu können.

Andere wieder betrügen sich selbst, indem sie Kleider, Hosen, Röcke, Kostüme oder Blusen kaufen, die eine oder sogar zwei Nummern zu klein sind. Diese »Zukunftsmodelle« hängen dann wie die berühmte Mohrrübe, die den Esel zum Gehen bringen soll, im Schrank und warten auf den großen Tag, an dem ihre Besitzerin hineinpassen wird.

Haben Sie diesen Trick auch schon versucht? Tun Sie sich den Gefallen und befreien Sie sich von diesem längst altmodisch gewordenen Klamottenballast. Vielleicht sind Sie künftig gegen diesen verschwenderischen Trick gefeit, wenn Sie beim Wegräumen für die Kleidersammlung mal kurz die Summe überschlagen, die Sie da quasi zum Fenster hinausgeworfen haben.

Die Dicken sind sympathischer

Alle übergewichtigen Menschen, so sie mit Vernunft ausgestattet sind, wissen natürlich genau, dass jedes Pfund weniger, das der Körper mit sich herumschleppen muss, gesünder sein dürfte als jedes Pfund mehr. Dennoch gilt es – und das ist der Sinn dieses Buches –, den modernen Schlankheitswahn zu überdenken und ihm nicht hysterisch hinterherzuhecheln.

Da für Mollige wenig Aussicht besteht, von heute auf morgen – mit welcher Methode auch immer – eine Modelfigur zu erlangen, ist es für ihr seelisches Gleichgewicht fraglos besser, sich einmal darauf zu besinnen, dass es an ihren Rundungen fraglos auch Positives zu entdecken gibt.

Vor vielen Jahrzehnten hat Twiggy ihre Bügelbrettfigur mit großem kommerziellen Erfolg gegen das nachkriegsmoderne Atombusen-Schönheitsideal à la Sofia Loren durchgesetzt. Und siehe da, kaum sind die Jahre vergangen, ist wieder ein leichter Wandel hin zu Rundungen zu bemerken. Modeschöpfer feiern Medienbeachtung, wenn sie mollige Models auf den Laufsteg schicken, beachtliche Rundungen strahlen von Plakatwänden, die für Damenwäsche werben, und auch Schauspielerinnen dürfen wieder ausgeprägte Kurven haben.

Die Dickeren unter uns haben absolut keinen Grund für Mutlosigkeit: Erstens gehören wir keiner Minderheit an, wie uns immer wieder erfolgreich suggeriert wird – jeder zweite Erwachsene allein in der Bundesrepublik ist zu schwer. Da der Mensch bekanntlich ein Herdentier ist, kann der Runde sich angesichts dieser Tatsache schon einmal ein bisschen integriert und »normaler« fühlen.

Viel wichtiger als die gute Gesellschaft, in der sich alle gut Gepolsterten rein statistisch befinden, ist jedoch der Umstand, dass das Bild, das man sich zu allen Zeiten von runderen Menschen gemacht hat, ein durchaus positives ist.

»Lasst wohlbeleibte Männer um mich sein.« Dieser berühmte Ausspruch, den William Shakespeare Cäsar in den Mund gelegt hat, lässt den Charakter des dicken Menschen in einem besonders positiven Licht erscheinen. Der Grund dafür: Shakespeares Cäsar ist davon überzeugt, dass einem Dicken eher zu trauen ist als einem Dünnen. Shakespeare greift hier einen Gedanken auf, den bereits der antike

Schriftsteller Plutarch ebenfalls Cäsar äußern ließ: »Ich fürchte nicht so sehr die Fetten und Gelockten, sondern mehr jene Bleichen und Hageren.« Der Dicke galt schon im Altertum als lebenslustiger Mensch:

Denn wer gerne gut isst, wer es sich wohl sein lässt, also die guten Dinge des Lebens zu schätzen weiß und sie genießt – kurzum im wörtlichen wie im übertragenen Sinn kein Kostverächter ist –, für den hegt alle Welt Sympathie.

Er ist der Typ des fröhlichen Lebensgenießers, ganz im Gegensatz zum Hageren und Dünnen, dem mancher nicht über den Weg traut. Können Sie sich beispielsweise auch nur an ein einziges Bild erinnern, auf dem Bacchus schlank und hager dargestellt worden wäre? Diesem positiven und fröhlichen Charakterbild des Mannes entspricht ästhetisch gesehen die Gestalt der molligen Frau mit runden, weichen Formen. In der breiten Bevölkerung schätzt man sie als sympathisch, fröhlich und offen, während man der dünnen Frau eher negative Charaktereigenschaften zuordnet. Bei den jüngeren Pummelchen spricht man von Babyspeck und attestiert ihnen ein niedliches, barockengelhaftes Aussehen, bei den Erwachsenen ist vom warmherzigen, mütterlichen Typ die Rede.

Von diesem molligen Frauentyp, der sich tatsächlich oft durch ein mitfühlendes Herz und ein liebevolles, lustiges Wesen auszeichnet, fühlen sich viele Männer – wenn auch oft nur insgeheim – angezogen, mag der Modetrend auch noch so sehr auf die Schlanke, Ranke ausgerichtet sein. Wird von einer schönen, stattlichen Frau gesprochen, dann ist damit im Allgemeinen eine respektgebietende Frau von kräftiger Statur gemeint. So eine wie die amerikanische Freiheitsstatue beispielsweise.

Selbstbewusstsein heißt die Devise

Wir, die wir mit üppigeren Formen ausgestattet sind, haben also bei genauerer Betrachtung gar keinen triftigen Grund, uns unserer Figur zu schämen.

Voraussetzung dafür ist allerdings, dass wir uns zunächst einmal selbst so akzeptieren, wie wir sind. Das ist der springende Punkt. Hier fangen all unsere Probleme an, und hierher, an den Punkt der Selbstakzeptanz, wird jede Diskussion wieder zurückkehren.

Das nötige Selbstbewusstsein dafür fällt uns Molligen – wie wir ja ständig erfahren müssen – nicht in den Schoß. Wie soll es sich denn auch in einer Welt, deren angebetetes Schönheitsideal die schlanke Frau ist – je schlanker, desto schöner –, entwickeln können? In den Massenmedien, den täglichen Werbespots im Fernsehen, überall wird die Schlankheit als höchstes Lebensglück gepriesen. Die Anzeigen in den Illustrierten und Hochglanzmagazinen und die

Trendberichte zeigen geradezu überdeutlich, dass wir für die überwiegende Zahl von Modemachern und -verkäufern überhaupt nicht existieren. Schauspielerinnen und Sängerinnen, Idole von Millionen, haben sich diesem Modediktat unterworfen, sonst wären sie gar nicht erst zu Idolen aufgebaut worden. Denn wir alle wissen, dass nicht nur das Talent zählt, um erfolgreich zu werden, sondern auch das Wohlwollen der Medien. Und dieses Wohlwollen erreicht ein angepasster, schlanker Frauentyp viel eher.

Das Ganze ist ein Teufelskreis, dessen Druck sich viele von uns nicht gewachsen fühlen.

Aufgrund unserer Figur, die sich so sehr von dem unterscheidet, was scheinbar alle am liebsten mögen, bauen wir uns selbst Komplexe auf und reden uns ein, mit uns stimme etwas nicht, wir seien nicht normal.

Das ist eine Selbstprogrammierung, die leider dazu beiträgt, dass sich an der vorhandenen Situation nichts ändert. Aufhören damit, und zwar ganz schnell!

KAPITEL 3

Das Seelenleben runder Menschen

Dicke Menschen werden häufig für charakterlos und willensschwach gehalten, weil man ihr Übergewicht allein auf unnötiges, übermäßiges Essen zurückführt. Man meint, sie müssten sich nur ein wenig zusammenreißen, eine vernünftige Ernährung auswählen und diese in kleinere Portionen einteilen, dann könnten sie so schlank sein, wie sich das gehört. Wie schwer es aber für den nun mal Dicken ist, schlank zu werden und das dann auch zu bleiben, zeigen die von den Dicken mit großen Willensanstrengungen unternommenen Abmagerungskuren, denen letztlich – zumindest auf Dauer – meistens wenig Erfolg beschieden ist.

Es kämpft jeder seine Schlacht allein.

FRIEDRICH SCHILLER

Mit diesem Phänomen haben sich zuerst die Psychoanalytiker beschäftigt. Sie haben die Persönlichkeit von Dicken untersucht und dabei nach tiefer liegenden, seelischen

Gründen dafür gesucht, warum ihr Körper so gerne und in solchem Umfang Fettvorräte anhäuft.

Am Anfang steht der Babyspeck

Pionierarbeit hat hier vor allem die Kinderpsychiaterin Hilde Bruch geleistet. Sie begann bereits in den vierziger Jahren des vorigen Jahrhunderts, sich eingehend mit der Fettsucht von Kindern zu beschäftigen. Dabei machte sie die Beobachtung, dass bei Kindern mit unentwegtem Essdrang in fast allen Fällen ein gestörtes Eltern-Kind-Verhältnis vorlag. Die Wissenschaftlerin erfasste das familiäre Milieu und die Bedeutung dieses Familienklimas für die Persönlichkeit des Kindes.

Dabei ergab sich für die Lebenssituation des dicken Kindes folgendes typische Bild: Disharmonie bei den Eltern, das heißt kaputte beziehungsweise zumindest problematische Ehen, oder die Dominanz einer übermäßig fürsorglichen Mutter bestimmten bei solchen Kindern die häusliche Atmosphäre.

Die Eltern – beziehungsweise der psychologisch für das Kind vorherrschende Elternteil – betrachten das Kind als ihr Eigentum; es wird benutzt, um Misserfolge der Erwachsenen und deren Glücklosigkeit zu kompensieren. Das Kind wird in den Mittelpunkt gestellt, übermäßig umsorgt, stark behütet, fast mit Liebe erdrückt und – überfüttert. Durch dieses ungewollte Fehlverhalten wird es in seiner Entwicklung gestört und in der Ausbildung seiner sozialen Kontaktfähigkeit behindert.

Das fatale Ergebnis: Kinder, denen dies widerfährt, verfügen über ein geringes Selbstwertgefühl, sie sind den realen Anforderungen des Alltags nicht gewachsen und flüchten sich in Tagträume. In diesen Träumen vollbringt ein solches Kind dann ungestört große Dinge, für die es von der Umwelt uneingeschränkte Bewunderung erntet. Gemessen an diesen geträumten Vorstellungen großartiger Entfaltung, erleidet das Kind im Alltag oft einen Fehlschlag nach dem anderen. Es sucht einen Ausgleich für all diese negativen Erfahrungen und entdeckt dabei die Nahrung als vermeintlich einzigen Freudenbringer. Das Essen beschert dem Kind die Glücksgefühle, die es sonst nur in seiner Phantasiewelt erlebt. Das Ergebnis ist der erste Kummerspeck, oftmals als Babyspeck verkannt. Das Kind wird in der Folge immer runder. Es entwickelt ein unstillbares Hungergefühl, sobald sein seelischer Haushalt aus dem Gleichgewicht gerät; dabei verliert das biologische Hungergefühl, also der Hunger, den der Magen meldet, immer mehr seine Bedeutung und verkümmert schließlich ganz.

Diese Untersuchungsergebnisse von damals werden bis heute immer wieder bestätigt, teilweise natürlich unter anderen Vorzeichen. Heute kommt noch die Tatsache hinzu, dass in Haushalten, in denen beide Elternteile berufstätig sind, oder in Haushalten von Alleinerziehenden kaum noch gekocht wird und die Kinder ihre Ernährungsform – meist Fertignahrung – selbst bestimmen dürfen, wobei Obst und Gemüse selten zu ihren Favoriten zählen. Bewegungsmangel durch stundenlanges Sitzen vor Fernseher oder Computer tut sein Übriges.

Als die Universität von Kopenhagen ein wissenschaftliches Preisausschreiben veranstaltete, um die Theorien von Hilde Bruch zu überprüfen, zeigte sich als Ergebnis der daraufhin in Angriff genommenen Forschungsarbeiten eindeutig, dass der von Bruch beschriebene Typ des fettsüchtigen Kindes ganz und gar nicht auf alle dicken Kinder zutraf. So gibt es natürlich auch Kinder, die einfach deshalb dick sind, weil sie aus einer Familie Übergewichtiger kommen und damit eine genetische Disposition haben, oder Familien, in denen alle übergewichtig sind, weil sie generell zu viel, zu süß oder zu fett essen. Andererseits stammen manche dicken Kinder aus einem Milieu, das anscheinend durch nichts die Fettleibigkeit begünstigt, während umgekehrt nicht alle Kinder, die unter den von Hilde Bruch damals beschriebenen Bedingungen leben, übergewichtig werden.

Es gibt also weder bestimmte Lebensumstände, die bei Kindern zwangsläufig zu Übergewicht führen, noch gibt es einen bestimmten Persönlichkeitstyp, der durchweg bei jedem dicken Kind anzutreffen ist.

Das bedeutet nichts anderes, als dass jeder Fall eines Dicken für sich – also individuell – zu sehen ist. Die beliebte Pauschalisierung im Vorurteil »Dicke sind so oder so« ist also auf jeden Fall schon einmal unzulässig.

Der dänische Kinderpsychologe Kai Tolstrup spricht in einer Studie von verschiedenen »psychologischen Schichten« bei stark übergewichtigen Kindern. Leicht erkennbar sind die gleichsam an der Oberfläche liegenden sozialen und kulturellen Essgewohnheiten, die zum Essen über den Hunger hinaus führen; in größerer Tiefe stößt man dann darauf, dass das Esserlebnis an sich im Zusammenhang mit lustvollen und aggressiven Empfindungen des Kindes besondere Bedeutung hat.

Essen als Trostpflaster für die Seele

Bei Erwachsenen stellten deutsche und französische Wissenschaftler gierige Esssucht als Folge schwerer seelischer Erschütterungen fest; so etwa nach traumatischen Kriegserlebnissen oder Katastrophen oder beim Tod naher Familienangehöriger. Essen, und zwar unkontrolliert und hemmungslos, ist in diesen Fällen Balsam für die Seele, sozusagen ein Trostpflaster. Die Folge: Gewichtszunahme.

Dieser Fresslust begegnet man jedoch nicht nur im Zusammenhang mit dramatischen Lebenssituationen, die von der Angst vor Verlust und Einsamkeit geprägt sind; sie kommt auch bei Menschen vor, die ein ganz normales, vielleicht auch langweiliges Leben führen, in dem es weder Höhepunkte noch Schicksalsschläge gibt. Von solchen Menschen werden seelische Spannungen und depressive Gefühle durch übermäßiges Essen abgewehrt: Nur durch die Nahrungszufuhr gelingt es ihnen, ein Gefühl der Befriedigung zu erlangen. Essen macht sie glücklich und ist für sie die schönste Seite des Lebens.

Psychiater raten diesem Typ des Dicken von strengen Abmagerungskuren dringend ab, da ihm mit dem Nahrungsentzug das einzige Mittel genommen wird, das dem Zusammenbruch seines Seelenhaushalts entgegenwirkt. Starkes Fasten könnte zu schweren seelischen Störungen führen, da das Essen für diese Menschen ja bereits eine – wenn auch unbewusst selbst verordnete – Therapie ist. Eine Hungerkur würde sich in solchen Fällen wie ein abrupter Drogenentzug auswirken und zu katastrophalen seelischen Konflikten führen.

Kein Mensch kann sich wohl fühlen, wenn er sich selbst nicht akzeptiert.
MARK TWAIN

Das Innenleben auf dem Prüfstand

In der zweiten Hälfte des vorigen Jahrhunderts setzte die Forschung ihre Hoffnung dann verstärkt auf andere, neue Möglichkeiten, den seelischen Ursachen des Dickseins auf die Spur zu kommen: Nun wurde versucht, die Persönlichkeitsstruktur des dicken Menschen anhand von psychologischen Tests zu bestimmen. Solche Persönlichkeitstests werden seither laufend durchgeführt – sie sind modern geworden und gehören quasi zur Spaßkultur. Die Ergebnisse finden in den Medien teilweise in fetten Schlagzeilen ihren Niederschlag. Allerdings werden sie dem staunenden Leser meist in stark »eingedickter Form« vorgesetzt.

Das liest sich dann so: »Mollige sind glücklicher«, oder »Dicke sind weniger kontaktfreudig, aber sensibel«, oder »Dicke sind wehleidig und depressiv«, oder »Dicke sind kontaktscheue Energiebündel«. Was ist von solchen Nachrichten zu halten? Wie kommen sie zustande?

Die Beantwortung dieser Fragen ist für dicke Menschen natürlich wichtig, da solche Informationen nicht unwesentlich dazu beitragen, wie andere Menschen über uns denken, uns einschätzen und in der Folge behandeln. Mit den Folgereaktionen müssen runde Leute im Alltag leben und sich herumschlagen. Sie haben es auszubaden, wenn Wissenschaftler angeblich negative Charaktereigenschaften an Dicken festgestellt haben wollen.

Alle Vorurteile kommen aus den Eingeweiden.

FRIEDRICH NIETZSCHE

Wie bei diesen testpsychologischen Verfahren vorgegangen wird, soll hier am Beispiel einer Untersuchung gezeigt werden, die Ende der siebziger Jahre des vorigen Jahrhunderts von Sabine Schlegel an der medizinischen Klinik und Poliklinik der Universität Düsseldorf durchgeführt worden ist.

Es handelte sich hierbei um eine Studie, bei der die Persönlichkeitsstruktur dicker Frauen im Vergleich zu normalgewichtigen ermittelt wurde.

Fünfundvierzig übergewichtige Frauen, die in der Fettambulanz der Klinik in Behandlung waren, wurden zusammen mit dreißig normalgewichtigen Frauen einem Testverfahren unterzogen. Zugrunde gelegt wurde das MMPI (Minnesota Multiphasic Personality Inventory), ein Test, der alle wesentlichen Persönlichkeitsbereiche umfasst. Dabei müssen 566 Charakteristika vom Testteilnehmer mit »richtig« oder »falsch« beantwortet werden; er muss dabei ankreuzen, was auf seine eigene Person zutrifft. Für jedes Kreuzchen, das heißt für jede als zutreffend gekennzeichnete Aussage, erhält er einen Punkt im Rahmen einer bestimmten Skala. Kreuzt er zum Beispiel den Satz »Manchmal komme ich mir wirklich nutzlos vor« an, dann trägt ihm das einen Punkt in der »Depressions-Skala« ein. Je nachdem, wie viel Punkte zusammenkommen, ergibt sich daraus ein hoher, mittlerer oder niedriger Skalenwert. Für die Auswertung ist dann von Belang, ob der errechnete Skalenwert in den Normalbereich fällt oder ob er über beziehungsweise unter ihm liegt. Werte, die über oder unter diesem Normbereich liegen, gelten als abnorm. Für die oben erwähnte Depressions-Skala heißt dies nun konkret: Eine Testperson mit einem hohen Depressions-Wert (D-Wert) zeigt einen Mangel an Selbstwertgefühl, ein enges Interessenfeld, ein nach innen gewandtes Wesen und übertriebene Besorgnis beziehungsweise Ängstlichkeit. Eine Testperson mit einem niedrigen D-Wert dagegen kennt kaum depressive Stimmungen; sie ist heiter, voller Enthusiasmus und Lebensfreude.

Der von Sabine Schlegel benützte Test umfasste mehrere Skalen: unter anderem eine Lügen-Skala, eine Hypochondrie-Skala, eine Hysterie-Skala, eine Ich-Stärke-Skala und eine Angstwert-Skala. Im Folgenden wird auf die Skalen eingegangen, bei denen die Übergewichtigen auffallende Ergebnisse aufwiesen und die dadurch besonders interessante Aspekte bei der Auswertung ergaben.

Mit den Dicken ist alles o.k.

Ein Ergebnis sei vorweggenommen:

Dicke sind so »normal«
wie Schlanke auch.

Dies ist ein wesentlicher Punkt, weil – wie wir ja wissen – diese Frage von den Runden selbst und von der Öffentlichkeit immer wieder heiß diskutiert wird. Im Hintergrund steht dabei meist die Vermutung, dass mit den Schwergewichtigen doch etwas nicht stimmen kann. Die Auswertung des Persönlichkeitstests ergab jedoch zweifelsfrei, dass die für die runde Frau ermittelten Testwerte absolut im Normalbereich liegen. Die Untersuchung von Sabine Schlegel lieferte also überhaupt keinen Anhaltspunkt dafür, dass ein dicker Mensch zwangsläufig psychisch »gestört« ist. Natürlich gibt es dicke Einzelpersonen mit krankhaften Zügen, aber die gibt es unter den Normalgewichtigen ebenfalls.

Eine Lüge in Ehren

Dennoch ermittelte der Persönlichkeitstest in Einzelbereichen Unterschiede zwischen den getesteten Dicken und den Normalgewichtigen. Unterschiede, die – wohlgemerkt – im Normalbereich liegen. So wiesen die Dicken beispielsweise einen höheren Lügen-Wert (L-Wert) auf. Das bedeutet nun keineswegs, dass sie notorische Lügner sind. Die Lügen-Skala enthält unter anderem so harmlose Aussagen wie: »Ich sage nicht immer die Wahrheit.«

Hat nun eine Testperson einen höheren Lügen-Wert, so kann man davon ausgehen, dass sie dazu neigt, bewusst Täuschungsversuche zu unternehmen. Sie sollen entweder dazu dienen, bei der Umgebung einen besseren Eindruck zu machen, oder sie erfolgen aus einer vorsichtigen Reserviertheit heraus.

Dass wir Dicken unsere Schwächen nicht gerne zugeben, bestätigen einige weitere Forschungen. Aber auch das unterscheidet uns nicht wesentlich von anderen Menschen.

Ein kleines Lügen-Beispiel, das für uns Dicke typisch ist: Kaum ein Wohlbeleibter gibt sein wirkliches Gewicht zu – aus tatsächlichen 96 Kilogramm werden 92 gemacht; bei Diätversuchen werden real abgenommene fünf Kilogramm auf sechs oder sieben aufgerundet; und hinter dem verschämten »Ich habe ein Plätzchen stibitzt!« stecken natürlich zwei oder drei. All diese kleinen Schwindeleien dienen in Wahrheit fast immer dazu, den Gesprächspartner zu beeindrucken oder von ihm bewundert zu werden. Diese Bewunderung braucht beispielsweise der Abnehmende, um weiter durchhalten zu können. Der kleine Schwindel ist also weniger eine Lüge als vielmehr ein unbewusst ausgeklügeltes, psychologisches Motivationsprogramm.

Dicksein – der ungelöste Fall

Neben der eingeschränkten Wahrheitsliebe fanden sich bei den Molligen weitere Testergebnisse, die sich von denen der Schlanken unterschieden: Die fülligeren Testteilnehmerinnen zeigten nämlich höhere Angstwerte und eine niedrigere Ich-Stärke als die Dünnen. Und gerade die größere

Angstbereitschaft gibt Anlass zu vielen Diskussionen. Allem voran haben sich Wissenschaftler mit der Frage beschäftigt, ob diese latente Ängstlichkeit eine Ursache oder eine Folgeerscheinung des Dickseins sei. Als Ursache könnte sie gelten, weil ja viele Übergewichtige – wie wir erfahren haben – Angstgefühle mit übermäßigem Essen zu besänftigen suchen; der erhöhte Angstwert kann aber vielleicht auch als Folge der unerwünschten Fettpolster angesehen werden.

Je dicker nämlich Menschen sind, umso stärker haben sie unter tatsächlicher oder bisweilen eingebildeter sozialer Diskriminierung zu leiden. Anpassungsschwierigkeiten und in der Folge auch Ängste nehmen entsprechend zu.

Ähnliches gilt auch für die ermittelte geringere Ich-Stärke des runden Menschen. Sie kann die Ursache für die Molligkeit sein, wenn auf innere Konflikte mit dem Verlangen nach Essbarem reagiert wird; sie kann aber ebenso gut eine Folgeerscheinung sein, wenn sich der Dickgewordene über seinen Zustand und über sein geringes Sozialprestige mit Essen hinwegtröstet.

Die Frage, ob das Erscheinungsbild Ursache oder Folge des Übergewichts ist, beschäftigt die Ärzte in besonderem Maße. Denn um die Fettsucht erfolgreich behandeln zu können, müsste vor allem geklärt werden, was einen Menschen dazu bringt, mehr zu essen, als sein Körper braucht. Da gibt es viel Rätselraten und wenig Wissen. Eine Spur weisen die Vitaminforscher, die vor der »Leere« unserer heutigen, industrialisierten Lebensmittel warnen und dringend dazu raten, Vitamin- und Mineralstoffpillen einzunehmen, weil unsere Körper mittels Normalnahrung heutzutage damit unterversorgt werden. Das könnte man so interpretieren: Der Körper verlangt nach immer mehr Nahrung, weil er durch normal große Portionen von bestimmten, lebenswichtigen Stoffen nicht genug bekommt. Das klingt nicht ganz unlogisch, macht nur etwas misstrauisch, weil die These von einer Pillen-Lobby kommt und es dabei auch um Geschäftsinteressen geht.

Die Auswertung der Persönlichkeitstests hat immerhin so viel als gesichertes Resultat ergeben, dass es den krankhaft Fettsüchtigen nicht gibt.

In welche Richtung auch immer die Nadel auf den verschiedenen Untersuchungsskalen leicht ausschlug, am Ende glich dies immer der berühmten Herumstocherei im Nebel.

Vom ewigen Hunger

Wenn es auch die einheitliche Persönlichkeitsstruktur des dicken Menschen offenbar nicht gibt, so spielt dennoch die Persönlichkeit des Einzelnen eine Rolle dabei, ob er dick wird oder nicht. Entscheidend ist nämlich seine Reaktion auf die beginnende Gewichtszunahme.

Bei Dicken und Schlanken wurde schon vor vielen Jahren in wissenschaftlichen Untersuchungsreihen ein unterschiedliches Sättigungsverhalten festgestellt. Bei Übergewichtigen sind das Hungergefühl, die Nahrungsaufnahme und die Sättigung in ganz anderem Maß von äußeren Einflüssen abhängig als bei Schlanken. Dicke können gerade eine sättigende Mahlzeit beendet haben, und dennoch ist es möglich, dass der Anblick eines appetitlich angerichteten Essens oder ein verlockender Essensgeruch sofort wieder ein Hungergefühl auslöst. Ähnliche Reaktionen werden zwar auch bei Normalgewichtigen festgestellt, bei näherer Betrachtung handelt es sich bei ihnen allerdings um Personen, die schon seit Jahren Figurprobleme haben, denen es aber inzwischen gelungen ist, ihr Gewicht unter Kontrolle zu halten.

Und so sieht das Verhaltensmuster eines »Gefährdeten« aus: Er lebt ständig in der Angst, sein Gewicht könnte ansteigen, wenn er seinem Appetit immer nachgeben würde. Deshalb begnügt er sich ausschließlich aus Gründen, die mit seinem Gewicht zusammenhängen, mit Knäckebrot und Quark oder Ähnlichem zum Frühstück; er isst weder Nudeln noch fettes Fleisch, Soßen oder andere (angebliche) Dickmacher und legt gelegentlich einen Obsttag ein. Immer wieder einmal zieht er eine Diät durch, um zwei oder drei überflüssige Kilo loszuwerden. Er stellt sich jeden Morgen auf die Waage und drosselt beim geringsten Anzeichen einer Gewichtszunahme sofort die Nahrungsaufnahme.

Was hat es aber nun mit dem Appetitverhalten auf sich? Und welche Konsequenzen hat es für den Rundlichen, dass sein spontanes Essverhalten von dem des Schlankwüchsigen abweicht? Mit diesen Fragen befasst sich insbesondere die Verhaltensforschung.

In zahlreichen Experimenten konnte man nachweisen, dass bei den Schwergewichtigen eine Störung im Regelmechanismus von Appetit und Sättigung vorliegt.

Worum es sich dabei handelt, zeigen die folgenden Beispiele besonders deutlich.

Der Teller wird auf jeden Fall leer gegessen

Ein amerikanischer Test in Sachen Essverhalten ging so vor sich: Übergewichtige und Normalgewichtige wurden zusammen in einen abgeschlossenen Raum geführt, wo sie an Tischen umfangreiche Testbogen ausfüllen sollten. Vor jeder Testperson standen Teller mit belegten Broten: Auf jedem Teller lag – ganz verschieden – mal eines, mal waren es mehrere. Außerdem befand sich im Raum ein Kühlschrank, der noch eine Menge weiterer Brote enthielt, worauf alle Anwesenden ausdrücklich hingewiesen wurden. Allen Beteiligten wurde auch gesagt, dass sie jederzeit von

den Broten essen dürften. Und nun zeigte sich überraschenderweise folgendes sehr unterschiedliche Verhalten:

Die Molligen aßen immer die vor ihnen stehenden Brote auf – wenn es eins war, nur das eine, wenn es mehrere waren, dann eben all die, die sich auf dem Teller befanden. Keiner von ihnen jedoch ging jemals zum Kühlschrank, um Nachschub zu holen. Die Schlanken dagegen aßen unabhängig davon, was vor ihnen stand: Manche nichts, manche ein wenig, andere holten sich Nachschub aus dem Kühlschrank. Diese harmlos klingende Versuchsanordnung bewies also eindeutig, dass die Schlanken nach Gusto und Appetit aßen, für die Dicken hingegen der Teller das

Maß aller Essdinge war. Daraus konnte geschlossen werden, dass sich normalgewichtige Menschen bei ihrer Nahrungsaufnahme von ihrem biologischen Hungergefühl leiten ließen, während die Übergewichtigen vom äußeren Anblick, der optischen Verführung bestimmt wurden.

Wenn die Uhr den Hunger bestimmt

Auch der Blick auf die Uhr kann den Übergewichtigen zum Essen reizen. Bei einem Versuch wurde die Uhr so manipuliert, dass sie unbemerkt schneller oder langsamer lief. Dabei stellte man fest, dass die Dicken stets aßen, wenn die Uhr Essenszeit anzeigte – ganz gleich, ob seit der letzten Mahlzeit nur zwei oder schon fünf Stunden vergangen waren. Die Schlanken hingegen aßen nur, wenn sie Hunger hatten, unbeeindruckt davon, was die Uhr gerade anzeigte. Dabei kam es sogar zu Extremfällen: Wurde die Uhr besonders langsam eingestellt und verging daher von einer Essenszeit zur anderen in der Realität eine außerordentlich lange Zeitspanne, dann hielten es die Molligen sogar länger ohne Nahrung aus als die Dünneren.

Wenn der Appetit mit dem Essen kommt

Andere Experimente zeigten, dass beim dicken Menschen der Appetit oft erst mit dem Essen kommt, während der Schlanke durch das Essen satt wird: Man zeigte hungrigen Versuchspersonen Farbdias, auf denen besonders lecker und verführerisch angeordnete Speisen zu sehen waren. Zwischen den einzelnen Diaprojektionen reichte man ihnen Appetithappen. Dabei zeigten die Dünnen und die Dicken im hungrigen und im gesättigten Zustand große Verhaltensunterschiede. Die Normalgewichtigen sprachen mit zunehmender Sättigung immer weniger auf die durch die Dias hervorgerufenen Appetitanreize an; die Übergewichtigen hingegen reagierten zunehmend stärker auf die Bilder – je mehr sie schon gegessen hatten, umso kräftiger langten sie zu.

Wenn das Auge befiehlt

Ein interessantes Experiment war auch dieses: Über einen längeren Zeitraum hinweg aßen normal- und übergewichtige Versuchspersonen jeden Abend einen Teller Tütensuppe. Die Verpackungen dieser Suppen trugen unterschiedliche Aufschriften: Eine bezeichnete den Inhalt mit »100 Kalorien«, eine andere wiederum mit »500 Kalorien« (damals wurde noch nicht in Kilojoule gerechnet). In Wahrheit gab es jedoch keine Unterschiede. Die Essenden mussten nach dem Verzehr der Suppe jeweils Angaben über den erreichten Sättigungsgrad machen. Die Dicken äußerten anschließend unisono, sich bei den Suppen mit den (gefälschten) höheren Kalorienangaben mehr gesättigt zu fühlen als bei denen mit den niedrigeren Angaben. Die Normalgewichtigen hingegen konnten keinen Unterschied feststellen – was ja auch der Realität entsprach.

Erneut wird deutlich, dass bei Übergewichtigen offensichtlich das Sättigungsgefühl von der gedanklichen Information abhängig ist. Ihre Magennerven haben das Kommando an den Kopf abgegeben.

All diese Experimente demonstrieren auf verblüffende Weise, dass Dicke spontan auf äußere, appetitanregende Reize reagieren. Das heißt, sie lassen sich in Bezug auf Essen manipulieren.

Beim Essen selber verhält der Dicke sich so normal wie der Schlanke auch. Er isst, wenn er Hunger hat, und hört auf, wenn er satt ist. Nur werden bei ihm Appetit und Sättigung nicht durch innerkörperliche Impulse gesteuert, sondern – für den Betroffenen subjektiv nicht feststellbar – wesentlich durch Umweltreize bestimmt, die eine psychologische Signalwirkung aufweisen und der er sich offenbar nicht entziehen kann.

Die schlanken Dicken

Anders verhält es sich bei den schon erwähnten, in Bezug auf Gewichtszunahme leicht anfälligen Personen. Bei ihnen konnten dieselben abweichenden Verhaltensweisen in Bezug auf Appetit und Sättigung festgestellt werden wie bei den Runden. Diese »Gefährdeten« essen jedoch nicht immer, wenn sie Hunger haben, und sie halten sich beim Essen zurück, d. h. sie essen nicht immer so lange, bis sie satt sind. Denn sie leben in dem Bewusstsein, dass sie sich auf ihr Gefühl von Hunger und Sättigung nicht verlassen können; sie haben durchschaut, dass mit ihrem Hungergefühl etwas nicht stimmt. Ihr Normalgewicht erhalten sie sich –

eigentlich ganz unnormal –, indem sie ihre Nahrungsaufnahme über den Verstand kontrollieren. Was natürlich auch fast zwangsläufig zur Folge hat, dass sie kaum mehr fähig sind, den Vorgang des Essens unbeschwert zu genießen.

Der Kultivierte bedauert nie einen Genuss.
Der Unkultivierte weiß überhaupt nicht,
was ein Genuss ist.
OSCAR WILDE

Alle diese Experimente und Erfahrungen zeigen uns ausdrücklich, dass es im Erleben von Appetit und Sättigung gravierende Unterschiede zwischen Dicken und Schlanken gibt. Die Abhängigkeit der Dicken von äußeren Reizen ist jedoch nicht die eigentliche Ursache für das Übergewicht;

das ungewöhnliche Appetitverhalten hat vielmehr seinerseits einen Ursprung. Nach diesen tieferliegenden Gründen zu fragen, bringt interessante Antworten zutage.

Nicht nur auf die Menge kommt es an

Die Verhaltensforscher bieten folgenden Erklärungsansatz an:

Man geht davon aus, dass Säuglinge und Kleinkinder die Nahrungsaufnahme ihren inneren biologischen Bedürfnissen entsprechend regeln. So können Kinder beispielsweise sehr viel besser als Erwachsene abschätzen, welche Mengen Flüssigkeit sie getrunken haben. Bei einer Mahlzeit essen Kinder zu Beginn, wenn also der Hunger am stärksten ist, am meisten. Je mehr sich die Mahlzeit dem Ende zuneigt, das heißt, je satter die Kinder werden, desto langsamer und damit weniger essen sie. Die Wissenschaft spricht hier von einer »negativ beschleunigten Konsumaktionskurve«. Im Gegensatz dazu essen Übergewichtige die ganze Mahlzeit hindurch die gleichen Mengen im selben Tempo. Sie hören erst auf, wenn der Teller leer ist oder wenn alle anderen ihr Essen beendet haben. Der Normalgewichtige dagegen nimmt im Verhalten eine mittlere Position zwischen der unverbildeten, rein biologisch gesteuerten Nahrungsaufnahme des Kindes und dem extrem von äußeren Reizen abhängigen Essverhalten des Übergewichtigen ein.

Ein Löffel für Mami, ein Löffel für Papi …

Wie aber kommt es zu diesen Veränderungen im Appetitverhalten? Hunger- und Sättigungsgefühl werden während des Heranwachsens durch Lernprozesse beeinflusst. Der Erziehungsstil der Eltern, aber auch soziale und kulturelle Wertmaßstäbe spielen dabei eine Rolle. Nicht zuletzt bedingt durch die Kriegs- und Nachkriegserlebnisse unserer Großeltern und Eltern im vorigen Jahrhundert, herrschte in einem großen Teil Europas zum Beispiel die Tischsitte, keine Essensreste auf den Tellern übrig zu lassen. Viele Kinder wurden geradezu genötigt, den Teller leer zu essen, egal ob sie noch hungrig waren oder nicht. »Es wird gegessen, was auf den Tisch kommt!«, »Du stehst nicht auf, bevor der Teller leer ist!«, »Iss das auf, das ist gesund!«, »Ein Löffel für Papi, ein Löffel für Mami …« – typische Sätze für Erziehungsmaßnahmen, die viele Kinder nach und nach dazu gebracht haben, ihr Sättigungsgefühl nicht mehr von inneren, sondern von äußeren Signalen her bestimmen zu lassen. Da diese autoritäre Elternhoheit über den Esstisch heute – in völlig veränderten Zeiten – vielfach als generelle Erziehungsmaßnahme hin zu Disziplin und Gehorsam verstanden wird, hat sich da in konservativen Familien bis heute oftmals nicht viel gewandelt.

Verändernd auf die von der Natur gegebenen Essgewohnheiten wirkt sich neben Zwang und Bestrafung auch die Belohnung mit Süßigkeiten und Lieblingsspeisen aus. Statt liebevoller Zuwendung wird Süßes angeboten. »Hier hast Du eine feine Schokolade, und nun lass mich endlich mal für eine Stunde in Ruhe!«, »Hier, nimm das Bonbon, dann tut es gleich nicht mehr so weh!«, heißt es oft in solchem Zusammenhang. Süßes wird zum Trostspender.

Auf diese Weise wird schon dem Kind beigebracht, dass es Ärger, Kummer (oft auch einfach Langeweile) durch Essen bekämpfen und abwehren kann. Es wird verleitet, etwas »Schönes« zu essen, um ein Wohlgefühl herbeizuzaubern. Das Ergebnis ist eine falsche Verknüpfung von Gemütszuständen und Essen. Und daraus entsteht Essdrang zu Zeiten, die mit Hunger – zumindest mit Hunger nach Nahrung – nichts zu tun haben. Am Ende führen emotional belastende Situationen, also Stress, Ärger oder Konflikte, zu den enormen Appetitsteigerungen, denen viele Übergewichtige relativ hilflos ausgesetzt sind.

So kommt es, dass Dicke körperliche Spannungsgefühle unter gewissen äußeren Bedingungen – zum Beispiel in Verbindung mit Bratwurstgeruch – als Hungergefühl registrieren. Dicke reagieren aber nicht nur auf Ärger und Stress, sondern auch auf Langeweile mit nicht oder kaum zu stillendem Hunger.

Es gibt keine wahren Genüsse,
nur wahre Bedürfnisse.

VOLTAIRE

Die Dicken – Opfer der Überflussgesellschaft

Nun ist nicht unbedingt gesagt, dass solche falschen oder unüberlegten Erziehungsmethoden, denen Kinder und Jugendliche ausgesetzt sind, zwangsläufig und automatisch zu Übergewicht führen müssen.

In der Nachkriegszeit des letzten Jahrhunderts gab es aufgrund der schlechten Lebensbedingungen nur sehr wenige Übergewichtige. Wir aber leben heute – obwohl andauernd von schlechten Zeiten geredet wird – nach wie vor in einer Überflussgesellschaft. Ein riesiges Warenangebot von Lebensmitteln – Produkte eines großen Industriezweiges mit einer schier unerschöpflichen Phantasie für immer neue Esswaren – lockt von allen Seiten.

Nicht nur die Werbung, auch die Medien
geben sich größte Mühe, jeden Einzelnen
zu immer mehr Konsum zu verlocken.
In diesem Klima muss es zwangsläufig
zu Gewichtsproblemen kommen.

Man denke nur an die ausgeklügelten Angebotssysteme, die von den Verkaufspsychologen ersonnen wurden. Warum wohl sind an den Kassen der Supermärkte extra noch einmal eine ganze Reihe von Schokoriegeln, Gummibärchen und Bonbons platziert, und warum stehen die Eisboxen oft direkt daneben?

Wir alle wissen es längst – doch dieses Wissen nützt wenig, weil nicht jede genervte Mutter und nicht jeder einkaufsgestresste Vater dem Kindergequengel widerstehen kann. Die Dickmacher an der Kasse wirken ebenso stilleerzeugend wie der Fernseher zu Hause, vor den man die Kleinen setzt, wenn man einmal für ein paar Minuten Ruhe haben will.

Noch nie konnten es sich so viele Menschen leisten, in teuren Delikatessläden einzukaufen wie heute. Leckereien, die früher einer gut situierten Oberschicht vorbehalten waren, können sich heute viel mehr Menschen leisten, und für viele ist das eben gar nichts Besonderes mehr, sondern zur guten Gewohnheit geworden. Schlemmen und von ausgefallenstem Essen etwas zu verstehen ist eine Imagefrage geworden. Die Kehrseite der Medaille zeigt für manch einen die Waage auf …

Versuchungen sind wie Vagabunden: Wenn man sie freundlich behandelt, kommen sie wieder und bringen andere mit.

MARK TWAIN

Kochbücher boomten bis vor ein paar Jahren wie nie zuvor. Ein geschickter und mit Entertainerqualitäten ausgestatteter Fernsehkoch kann mit enormer Medienunterstützung rechnen, ist ein beliebter Talkshowgast und kann innerhalb weniger Wochen bis zu 300 000 Exemplare seines Kochbuches verkaufen. Die Namen von mit Hauben oder Sternen ausgezeichneten Köchen gehen heute wie die von Medienstars oder Schauspielern durch die Presse und sind jedermann geläufig. Und Gesprächsthema Nummer eins auf jeder Party ist – neben ausgefallenen Urlaubsorten – das Essen, gleich gefolgt von der neuesten Wunder-Diät.

So sieht also der ideale Nährboden für Übergewichtige aus. Nun will ich um Himmels willen nicht darüber klagen, dass es so vielen Menschen gut geht. Das wäre unsinnig, aber man darf dabei nicht vergessen, dass dieser Wohlstand eben auch seine Schattenseiten hat. Er ist verbunden mit Egoismus, Kontaktarmut, Vereinsamung und (Seelen-) Stress – eben auch mit Kummer. Und haben die Menschen erst einmal gelernt, den täglichen Seelenbelastungen mit Essen zu begegnen, so sind die eingangs erwähnten Störungen des Appetit- und Sättigungsregulativs und als Folge davon ein Zuviel an Pfunden nicht so verwunderlich.

Die Mentalität stellt die Weichen

Wie aber reagiert nun der Einzelne, wenn er die Grenze zum Übergewicht überschreitet? Die Experten meinen, dass der Augenblick entscheidend ist, in dem die Gewichtszunahme zum ersten Mal bewusst wahrgenommen wird. Entweder fängt der Betroffene an diesem Punkt sofort mit der Gewichtskontrolle an und versucht ganz bewusst, sein Essverhalten zu ändern, oder aber er lässt die Sache schleifen, resigniert und gerät damit immer tiefer in ein zwanghaftes Verhalten: Er nimmt immer weiter zu. Für welche der beiden Möglichkeiten sich der Rundwerdende entscheidet, hängt nach Auffassung der Wissenschaftler wesentlich von seiner Persönlichkeit, seiner Mentalität ab.

Wer über einen »prometheischen Willen« verfügt, das heißt Selbstinitiative hat, zukunftsorientiert und auf die aktive Überwindung bestehender Zustände ausgerichtet – also ein so genannter Macher – ist, wird der beginnenden Gewichtszunahme sofort Einhalt gebieten. Wer dagegen eine »epimetheische« Persönlichkeit ist, das heißt eher passiv und traditionsbewusst ist, wer abhängig von der Gruppe und einem Team ist, der lässt den Dingen freien Lauf. Und läuft damit Gefahr, das Problem nicht mehr in den Griff zu bekommen.

Wenn man sich das so zu Gemüte führt, drängt sich einem wieder die Frage nach dem »guten« und dem »besseren« Charakter auf. Was wirklich Unsinn ist. Man muss weder faul, schlampig mit sich selbst oder konservativ sein, wenn man Gewichtsfragen nicht für das Wichtigste im Leben hält, sondern in dem Moment, in dem es darauf ankommt, auf seine Essgewohnheiten zu achten, sein Augenmerk auf andere Dinge in der Welt lenkt.

Ich glaube sogar, dass derjenige, der das Dickerwerden riskiert, weniger auf die Meinung anderer gibt und damit selbstbewusster ist, als derjenige, der unbedingt der Norm des Schlankseins entsprechen will.

Ich bin rund … Warum?

KAPITEL 4

Die wahren Gründe für Gewichtigkeit

In diversen feministischen Untersuchungen im Rahmen von Selbsthilfegruppen stellte sich stets aufs Neue heraus, dass fast jede übergewichtige Frau einen tieferen, bis dahin natürlich unbewussten Grund, ja sogar ein Interesse am Anhäufen von Fettpolstern hatte. Die konkrete Bedeutung des Übergewichts wurde jeder einzelnen Frau erst allmählich durch die intensive Auseinandersetzung mit dieser Frage bewusst. Je nach Persönlichkeit spielten sehr unterschiedliche und individuelle Gründe eine Rolle. Doch es gab einige, die bei fast allen Teilnehmerinnen entscheidend waren.

Leibesfülle als Schutzschild

Vielen Frauen vermittelt das Übergewicht ein Gefühl von Kraft und Stärke. Die häufige Doppelbelastung durch Haushalt und Kindererziehung auf der einen Seite und durch den Beruf auf der anderen glauben sie nur aushalten zu können, wenn sie dick und somit gewappnet für die Schwierigkeiten des Leben sind. Sie können sich nicht vorstellen, dass sie etwa auch als »scheue, zerbrechliche Schöne« diesen täglichen Aufgaben gewachsen wären. In der Berufswelt verleiht ihnen zudem das Bewusstsein ihrer Leibesfülle das nötige Stehvermögen, um sich gegen die männlichen Kollegen erfolgreich durchzusetzen.

Sie sind überzeugt davon, dass ihnen das Übergewicht dabei geholfen hat, beruflich respektiert zu werden.

Die Pfunde sind der Sündenbock

Für andere wiederum stellt das Übergewicht eine Möglichkeit dar, Fehlschläge zu rechtfertigen. Viele Frauen leben in der Angst, dass ihr Wunsch, sowohl im Beruf wie auch in der Beziehung mit einem Mann Erfüllung und Glück zu finden, vermessen sei und dass sie damit eigentlich zu viel vom Leben verlangen. Der feministische Erklärungsversuch, diese Angst liege in den widersprüchlichen Botschaften begründet, die ein junges Mädchen mit auf den Lebensweg bekommt, nämlich einerseits die Aufforderung, sich einen Mann zu suchen, wie auch andererseits die Zielsetzung, auf eigenen Füssen zu stehen, leuchtet ein. Den Frauen ist der Gedanke unerträglich, sie könnten im Beruf, in der Ehe oder in der Beziehung versagen.

Nur die Aussicht, bei eventuellen Konflikten – sei es nun in der Ehe oder im Beruf – die Schuld auf ihr Übergewicht schieben zu können, macht es ihnen möglich, ihre Aufgaben zu bewältigen.

Essen als Energiequelle

Bei manchen dicken Frauen ist das Übergewicht Ausdruck der Kapitulation im Wettbewerbskonflikt mit dem Mann. Während sie als Kinder gelernt haben, dass der Fähigste – egal ob Bub oder Mädel – den Sieg davonträgt, stellen sie später im Beruf fest, dass die männlich orientierte Berufswelt anders funktioniert. Auch im gesellschaftlichen und privaten Leben bleibt ihr Status immer von dem ihres Ehemannes abhängig – so erfolgreich sie im Beruf auch sein mögen, sie haben es bestenfalls zum besonders brillanten Aushängeschild des Ehemannes gebracht. Vielen, vor allem konservativen Frauen ist ursprünglich gar nicht bewusst, dass dieser Anerkennungswettbewerb zwischen Mann und Frau auch für sie eine belastende Rolle spielt.

Sie verdrängen das Problem
und benutzen zur Harmonisierung ihres
Gefühlshaushalts das Essen.

Es gibt auch immer wieder Frauen, für die der Esszwang stellvertretend für die Verdrängung von als »unweiblich«

geltenden Gefühlen steht. Sie haben immer erleben müssen, dass es ihnen schlecht ergangen ist, wenn sie solche für Frauen nicht typische Gefühle gezeigt haben. Sie mussten durch diese Erfahrungen lernen, ihre ganze Lebenswut zu unterdrücken, und sind deshalb dazu übergegangen, Ärger stets rasch durch Essen zu beseitigen. Denn in Konfliktsituationen halten sie es für ihre weibliche Pflicht, ausgleichend zu wirken und ihre eigenen Wünsche zurückzustellen. Gerade in Bezug auf ihre Mutterrolle wird von Frauen oftmals erwartet, immer die Gebende zu sein. Schon das kleine Mädchen wird auf diese Rolle hin erzogen.

Diese ständig an sie herangetragene Erwartungshaltung verfolgt die meisten Frauen ihr ganzes Leben hindurch: im Beruf, bei den Kindern, beim Ehemann; und nur wenn sie essen, haben viele übergewichtige Frauen das Gefühl, selbst auch einmal etwas zu bekommen.

Sie glauben, ohne das Essen nicht genug Energie zur Bewältigung ihrer Lebensaufgaben zu haben.

Dicksein – kein Schicksalsschlag aus heiterem Himmel

Das Dicksein kann also für die Frau vielerlei Bedeutung haben. Es kann als Energiequelle für die Lebensbewältigung, als Demonstration der Stärke, als Kapitulation, als Absicherung und Ausflucht sowie als Ausgleich für Ärger und anderes mehr verstanden werden.

Oft erschließt sich die Rolle des Übergewichts für die einzelne Frau erst dann, wenn man sie nach den Anfängen der Speckröllchen fragt und welchem Zweck sie damals »gedient« haben. Das Dicksein hat – je nach Lebenslage – nicht für jede denselben Stellenwert. Es erfüllt für viele nicht selten einen doppelten Zweck: etwa die Absicherung und auch die Vermittlung eines Stärkegefühls. Erstaunlich ist allerdings in allen Fällen die Tatsache, dass das Dicksein – so es einmal vorhanden ist – nicht einfach wie ein Schicksalsschlag aus heiterem Himmel betrachtet, sondern in manchen Fällen sogar dankbar angenommen wird, damit es eine Funktion erfüllt.

Zu diesen Erkenntnissen kommt man nicht alleine, sondern nur in Gruppengesprächen oder Therapiesitzungen.

Durch die Beschäftigung mit der tieferen Bedeutung des Dickseins in ihrem Leben gewinnen Frauen, die solche Gesprächshilfen in Anspruch nehmen, ein völlig neues Verhältnis zu ihrer eigenen Persönlichkeit. Ihr Übergewicht hat für sie nicht länger nur negative Aspekte. Sie sehen sich selbst nun nicht mehr einfach in dem Klischee des hoffnungslos schwachen Menschen, der nicht in der Lage ist, sich und seine Laster unter Kontrolle zu halten. Durch diese Problemerkennung kommen sie zu einer großzügigeren Einstellung gegenüber sich selbst, weil sie begreifen, dass übermäßiges Essen und Dickwerden ihre individuelle Art ist, auf schwierige Lebenssituationen zu reagieren.

Dicksein ist keine physiologische Eigenschaft, das ist eine Weltanschauung.
KURT TUCHOLSKY

Angst vor dem Schlanksein

Neben der Überprüfung dessen, was Dicksein für ihn bedeutet, ist auch die Klärung und Definition von »Schlanksein« für den Übergewichtigen von größter Bedeutung. Obgleich die meisten Frauen davon überzeugt sind, dass für sie Schlankheit gleichbedeutend mit Schönheit und Glück und somit untrennbar mit diesen Begriffen verknüpft ist, stellt sich bei intensiverem Nachfragen oft sehr rasch heraus, dass sie eben vor diesem Schlanksein unbewusst Angst haben.

Und tatsächlich haben viele mollige Frauen nach erfolgreichen Abmagerungskuren festgestellt, dass sie schlank nicht mehr »dieselbe« sind wie zuvor. Diese Veränderung drückt sich nicht nur im Inhalt des Kleiderschrank aus, der zweierlei Arten von Kleidern enthält: unauffällige, den Körper verhüllende Gewänder für die ehemals üppige Figur und jetzt auch modisch flotte, aufregende Sachen für die neue schlanke Linie. Für so manche schlank Gewordene ist es eine äußerst unangenehme Erfahrung, wenn sie ihren Freundinnen unerwartet Grund zur Eifersucht gibt, weil deren Partner oder Ehemänner sich plötzlich für sie interessieren und sie dadurch – ganz im Gegensatz zu früher und völlig ungewollt – zur unerwünschten Konkurrenz wird. Auch die vielen Komplimente, die man ihr nun von allen Seiten macht, sind eine neue Erfahrung, die manchmal mehr verwirrt als beglückt. Auch der Umstand, dass der Ehemann oder Freund den neu gewonnenen Status und die plötzliche Beliebtheit nicht so schnell verkraftet und alles andere als erfreut darüber ist, weil er neuerdings in die Situation kommt, sich auch wieder um seine Frau »bemühen« zu müssen, schafft Konfliktsituationen. Die Schlankgewordenen müssen erkennen, dass sie mit dem

Abbau des Übergewichts zwar äußerlich an Schönheit gewonnen, aber einen Schutzwall verloren haben, der sie vor mancherlei Schwierigkeiten bewahrt hat.

Was, meinst du, ändert sich leichter:
Ein Stein oder deine Meinung darüber?
BERTOLT BRECHT

Wie man lernt, seinen Körper zu lieben

Diese Verunsicherung rührt letztlich daher, dass es den Frauen nicht gelingt, zwischen ihrer »dicken« und ihrer »dünnen« Persönlichkeit eine Brücke zu schlagen. In Selbsthilfegruppen versucht man durch die Entwicklung eines neuen Körperbewusstseins, eine solche Verbindung herzustellen. Jede Teilnehmerin muss lernen – für viele Übergewichtige ein oft langwieriger Prozess –, ihren dicken Körper voll zu akzeptieren. Eine wirkungsvolle Methode, dieses Ziel zu erreichen, sind lange, ausführliche Sitzungen vor dem Spiegel. Die Mollige wird dazu gebracht, sich mit ihrem Körper in allen Details vertraut zu machen.

Nach diesem Körperstudium gehen die Frauen daran, ihr »dickes Selbst« dem »schlanken Selbst« anzunähern. Dazu müssen sie sich beispielsweise von ihren unmodischen und unauffälligen Klamotten trennen. Sie werden ermutigt, auch einmal etwas Gewagteres, modisch Attraktiveres zu tragen und zu versuchen, einen individuellen Kleiderstil zu finden, der ihnen für ihre »schlanke Persönlichkeit« zusagt.

In dieser Phase des Umgewöhnens stellt so manche Frau fest, dass einige ihrer Vorstellungen vom schlanken Dasein mit ihrer tatsächlichen Persönlichkeit nicht in Einklang zu bringen sind. Häufig wurden die Erwartungen zu hoch gesteckt: Im schlanken Zustand verlangen sie von sich – nach dem Motto alles oder nichts – absolute Perfektion, Fehlerlosigkeit, Vollkommenheit. Anforderungen, denen sie zwangsläufig nicht gewachsen sind, die sie nicht erfüllen können – und auch niemand sonst.

Mit dieser Erfahrung ist ein wichtiger und wesentlicher Schritt zu einer realistischeren Selbsteinschätzung getan. Indem die Frauen nämlich die Merkmale genauer definieren, die sie aus ihrer imaginierten »schlanken Existenz« ausgespart haben, zeigt sich, dass dies eben jene Seiten ihrer Persönlichkeit sind, die sie an sich selbst in Wahrheit nicht akzeptieren wollen, die sie, statt sie auszuleben, im Übergewicht quasi eingeschlossen haben.

Um dieses Wissen reicher, können diese Frauen durch allmähliche Änderung ihres Lebensstils lernen, ihre Konflikte in der Familie, im Beruf, in der Gesellschaft und auch in Bezug auf ihre Sexualität aktiv auszutragen, sich ihnen zu stellen, statt sie durch übermäßiges Essen zu unterdrücken. Den meisten gelingt schließlich, im Aussehen wie im Verhalten immer dieselbe zu sein – gleichgültig, ob sie nun dick oder schlank in Erscheinung treten.

Unter den Menschen gibt es viel mehr Kopien als Originale.

PABLO PICASSO

KAPITEL 5

Die Runden und ihr Selbstbewusstsein

Die meisten Menschen haben eine positive Einstellung zu ihrem äußeren Erscheinungsbild. Selbst wenn sie an diesem oder jenem Detail etwas auszusetzen haben, sind sie doch insgesamt mit ihrem Aussehen zufrieden.

Einige aber haben ein gestörtes Verhältnis zu ihrem Äußeren, und dazu gehören häufig Übergewichtige. Psychiater sprechen in diesem Zusammenhang von einer Störung des »Body Image«.

Was damit gemeint ist, lässt sich besonders gut am Krankheitsbild der Magersüchtigen verdeutlichen.

Wenn diese, buchstäblich abgemagert bis auf die Knochen, in eine Klinik eingeliefert werden, behaupten sie trotzdem steif und fest, doch ganz normal auszusehen und sich überhaupt nicht von anderen Menschen zu unterscheiden. In diesem Stadium der Krankheit kann sie selbst ein Blick in den Spiegel nicht vom Gegenteil überzeugen; sie sind nicht mehr in der Lage zu erkennen, wie dünn sie wirklich sind.

Weniger klar und einheitlich hingegen ist das Bild der Fehleinschätzung dicker Menschen.

Der Spiegel als Feind

Viele Dicke halten sich für dünner, als sie sind. Sie sind überzeugt, dass sie gar nicht richtig dick sind. Gerade diese Übergewichtigen sind es auch, für die eine Welt zusammenbricht, wenn ihnen jemand sagt, dass sie dick sind. Die Folgen sind Tränen, Depressionen und aufgekündigte Freundschaften, weil dem Ehrlichen sein als Lüge empfundenes, offenes Wort übel genommen wird. Kommt diesen Dicken ihre Überfülle einmal selbst zu Bewusstsein, vermeiden sie es – was übrigens viele Dicke tun –, in den Spiegel zu schauen.

Ein weiteres, verblüffendes Beispiel für ein gestörtes Körperbewusstsein ist das Verhalten von Dicken, die eine erfolgreiche Abmagerungskur hinter sich haben, aber immer noch der Meinung sind, sie seien dick. Sie lassen sich dies, obwohl ihnen ihr Spiegelbild das Gegenteil beweisen müsste, auch nicht ausreden, denn sie sind ihrem Komplex geradezu verfallen. Diese ehemaligen Dicken sind – ähnlich wie trockene Alkoholiker – »schlanke dicke Menschen«.

Vielen jungen Runden gibt ihr Übergewicht einerseits das Gefühl der Sicherheit und Stärke: Sie betrachten ihre Fettpolster als Schutzwall gegen eine feindliche Welt, der verhindert, dass Unangenehmes an ihr Inneres herankommt. Deshalb fürchten sich viele von ihnen vor einem Gewichtsverlust. Andererseits aber sind sie unglücklich über ihren dicken Körper, weil sie ja täglich sehen, wie oft ihre Umwelt negativ auf ihr Sosein reagiert.

Sie schließen sich also letztlich doch der gesellschaftlich vorherrschenden Meinung an und finden ihren Körper hässlich und hassenswert.

Die Zwiespältigen

Die Missachtung der Umwelt, die Dicke häufig erfahren, wird von den meisten Wissenschaftlern als einer der Hauptgründe für die niedrige Selbsteinschätzung der Wohlbeleibten angesehen. In diesem Zusammenhang wurde sehr oft beobachtet, wie zwiespältig Jugendliche auf diese Situation reagieren. Der dicke Körper wird von ihnen zwar als etwas Monströses und Plumpes empfunden, zugleich aber als etwas Staunenswertes und Außergewöhnliches. Viele haben dabei die Vorstellung, dass in ihnen gleichsam eine dicke und eine dünne Person stecken: Die dünne wird von ihnen als wohlgekleideter, tüchtiger und beliebter Persönlichkeitsteil gesehen, der jedoch egoistisch und gewissenlos ist – also negative Charakterzüge trägt, die dicke dagegen, die antriebslos zu Hause hockt und Familie wie Freunden als Zielscheibe der Meckerei und des Spottes dient, als der wertvolle, treue und anständige Teil.

Was diese übergewichtigen Jugendlichen am meisten bekümmert, ist der Umstand, dass die selbstsüchtige dünne Person »in ihnen« von der Gesellschaft und der Familie anerkannt und geachtet wird, während man ihren wertvollen, guten Persönlichkeitsteil, den dicken, verkennt und ablehnt.

Wer wird mit seiner Fülle am besten fertig?

Amerikanische Wissenschaftler haben festgestellt, dass fast nur bei Personen, die in der Pubertät und gleich danach dick geworden sind, eine Störung des »Body Image« auftritt. Dagegen hatten diejenigen, die erst im Erwachsenenalter zu viele Pfunde zugelegt haben, beinahe nie ein gestörtes Körperbewusstsein. Das beweist, dass ein fertiger, reifer Mensch mit der Veränderung seines Körpers sehr viel besser umgehen und sie seelisch besser verkraften kann.

Das Leben ist zu kostbar,
um es mit Anpassung zu verschwenden.
STEN NADOLNY

Andere Untersuchungen wiederum haben festgestellt, dass sich die schon im Kindesalter dick Gewordenen am besten mit ihrem Aussehen abgefunden haben und sich am wenigsten Gedanken über ihr soziales Ansehen machen.

Dass insbesondere diejenigen Runden, die im Jugendalter dick geworden sind, unter ihrer Leibesfülle leiden, führen die Forscher auf die besonderen Gegebenheiten dieses Lebensabschnitts zurück. Es ist die Phase, in der die jungen Menschen nach und nach in die Gesellschaft hineinwachsen, die ersten bewusst registrierten zwischenmenschlichen Erfahrungen machen und eine Missachtung deshalb stärker als im späteren Leben empfinden. Gleichzeitig wird sich der Jugendliche seiner Körperlichkeit in erhöhtem Maße bewusst und erlebt eine enorme Steigerung seiner Selbsterfahrung, sodass negative Eindrücke die Persönlichkeitsentwicklung besonders stark beeinflussen.

Das Gesicht als Aushängeschild

Wenn auch aus dem bisher Gesagten hervorgeht, dass es offenbar nur bei den im Jugendalter dick Gewordenen zu wirklich gravierenden Störungen des Körperbewusstseins kommt, so gibt es doch kaum einen Übergewichtigen, der mit seinem Aussehen wirklich zufrieden ist.

Die meisten sind ausgesprochen unglücklich über ihr Erscheinungsbild und suchen oft dem Leidensdruck zu entgehen, indem sie ihre Körperlichkeit verleugnen. »Entleiblichung« nennt man das in der psychologischen Fachsprache.

Dieses Phänomen ist die verbreitetste Form der Anpassung an den Zustand der Übergewichtigkeit. Viele Dicke sprechen von ihrem Körper als etwas, das nicht zu ihnen gehört, das sich außerhalb von ihnen befindet und sie eigentlich nichts angeht.

Manche berichten, dass sie die Beziehung zu dem von ihnen verabscheuten Körper abgebrochen haben. Sie nehmen ihn einfach nicht mehr zur Kenntnis.

Glücklicherweise fällt nicht bei allen Dicken der Versuch, von der eigenen Körperlichkeit Abstand zu nehmen, so extrem aus. Bei manchen zeigt er sich nur in dem Bemühen, die Aufmerksamkeit anderer weg vom Körper und hin zu ihrem Kopf zu lenken; sie reden und lachen viel. Solche Menschen lieben es gar nicht, wenn sie von hinten gesehen werden können, und nie betrachten sie sich selbst im Spiegel von rückwärts, weil dann ihr Gesicht nicht mehr vom Körper ablenken kann. Viele dicke Frauen identifizieren sich voll und ganz mit ihrem Gesicht. Das ist verständlich, weil das Gesicht in den meisten Fällen die geringste Veränderung durch das Übergewicht erfährt und oft auch bei sehr dicken Frauen mit extrem ausufernden Figuren noch ausgesprochen hübsch aussehen kann. Deshalb machen sie es zu ihrem »Aushängeschild«, mit dem sie vorbehaltlos einverstanden sein können und an dem sie nichts auszusetzen haben – was ihnen mit ihrem als scheußlich empfundenen Körper nicht gelingt. Von ihm möchten sie so weit wie möglich abrücken. Jede Konfrontation mit ihrem tatsächlichen Aussehen – etwa beim Kleiderkauf oder beim Blick in einen fremden Spiegel – ist für sie ein erschreckendes Erlebnis. Eine solche Variante des mangelnden Körperbewusstseins gibt es übrigens nicht nur bei Übergewichtigen, sie ist häufig auch bei Menschen zu beobachten, die es nicht ertragen, älter zu werden, und sich über die Spuren des Alterns hinwegsetzen, sie einfach ignorieren und sich einreden, sie sähen immer noch so aus wie in ihrer Jugend.

Was du über dich selbst denkst,
ist viel wichtiger als das,
was andere über dich denken.
SENECA

Die mollige Frau – ein Spielverderber?

Dass insbesondere Frauen Probleme mit der körperlichen Selbsterfahrung haben, liegt sicherlich nicht zuletzt an der Rolle, die der Frau – auch heute noch – von der Gesellschaft zugedacht ist:

Sie soll sich ihrer äußeren Erscheinung wegen bewundern lassen, sie soll Aushängeschild und Staffage des Mannes sein. Obwohl die Emanzipationsbewegung in der zweiten Hälfte des vorigen Jahrhunderts sehr viel für die Frauen getan hat, ist vieles davon in den letzten zehn, fünfzehn

Jahren wieder verspielt worden. Und erneut ist es so, dass große Teile der Bevölkerung – egal welchem Geschlecht sie angehören – von der Frau Passivität und Anpassung erwarten, während der Mann sich durch Engagement, Initiative und Aktivität selbst verwirklichen soll und darf. Wenn Frauen ihre Stimme erheben, vermutet man ein bösartiges, streitsüchtiges Motiv dahinter und selten Leidenschaft und Engagement; wenn Männer das tun, verbindet man dies mit Entschlossenheit und Willenskraft. Es ist – leider – gar nicht schwierig, ein gewisses Verständnis für diese Haltung aufzubringen, die den Menschen durch Jahrhunderte anerzogen wurde und ihnen daher zutiefst vertraut ist. Die selbständigen, toughen jungen Frauen aus der Werbung oder in flotten Fernsehserien sollten darüber nicht hinwegtäuschen: Es ist noch immer nicht so weit her mit der Gleichberechtigung, wie uns die Lippenbekenntnisse aufgrund von politischer Korrektheit weismachen wollen.

Das ändert alles nichts daran, dass die meisten Frauen sich mit dieser ihnen zugedachten Rolle nicht mehr zufrieden geben wollen. Wie aber sollen sie sich durchsetzen?

Immer noch leben wir in einer Gesellschaft, die in Wahrheit auf die Führungsrolle des Mannes hin orientiert ist. Selbst zukunftsorientierte, aufgeschlossene Menschen können sich ein Lächeln nicht verkneifen, wenn sie von einer Partnerschaft hören, in der der Mann Haushalt und Familie versorgt und die Frau im Beruf steht und das Geld nach Hause bringt.

Immer noch gibt es die Situation – selbst in Firmen, die anscheinend nach den modernsten betriebspsychologischen Grundsätzen geführt werden, in denen beispielsweise der Personalchef nicht Personalchef, sondern »Head of Human Resources« heißt! –, dass eine begabte Frau eine Führungsposition nicht bekommt, eben weil sie eine Frau ist.

So stellt sich unser Gesellschaftssystem nun einmal dar. Dagegen kann vernünftigerweise weder mit Fäusten angekämpft werden, noch bewirken Worte eine Lösung, zumindest nicht kurzfristig. Die berühmte Quotenregelung hat nur neue Ungerechtigkeiten – diesmal gegenüber den Männern – hervorgebracht, wie alles, was rein bürokratisch geregelt wird.

Und deshalb leuchtet die Erklärung
mancher Psychologen durchaus ein,
dass bei vielen übergewichtigen Frauen
die Fettpolster eine Art unbewusste Rebellion
gegen die bestehenden gesellschaftlichen
Spielregeln sind.

KAPITEL 6
Rundsein als Markenartikel

Es gibt genügend positive Aspekte, die der Runde seinem Sosein abgewinnen kann und auch sollte. Bevor jedoch unsere zum Teil noch ignorante und auf Schlankheit getrimmte Umwelt darauf eingestimmt werden kann, sich unsere Pfunde doch einmal mit neutralen Augen zu betrachten und womöglich sogar lieben zu lernen, müssen zunächst wir Runden etwas lernen. Und zwar etwas Wesentliches – nämlich uns selbst zu lieben.

Wenn wir von uns selbst nicht so überzeugt sind,
wie wir es von anderen verlangen, werden wir
als »Meinungsmacher« wenig Erfolg haben.

Oder würden Sie einem Obsthändler Ware abkaufen, wenn Sie wüssten, dass er für seinen eigenen Bedarf bei der Konkurrenz einkauft? Sicher nicht, denn sein Verhalten lässt darauf schließen, dass er selbst nichts Gutes anzubieten hat. Ein Menschenkenner wird jedem Verkäufer ansehen, ob er von der Ware, die er anzubieten hat, auch wirklich überzeugt ist, oder ob er lediglich so tut, als ob. Sein Erfolg wird also seiner Glaubwürdigkeit entsprechen.

Marketingargumente

Um beim Beispiel des Verkaufens und damit bei der Sprache unserer Zeit zu bleiben, in der ja alles und jedes – sogar Meinungen – verkauft wird, untersuchen wir doch einmal, was Mollige anzubieten haben:

- Zunächst haben wir etwas an sich sehr Erfolgsträchtiges aufzuweisen: Wir sehen anders aus als »vorgeschrieben«, fallen aus der Norm und sind daher keine Allerweltsleute. Im Showgeschäft wäre das bereits der erste Schritt zum Erfolg. Und bei den Männern hat das ja auch schon längst funktioniert. Denken Sie an Ottfried Fischer, den »Bullen von Tölz«, oder an Robbie Coltrane, der in »Fitz« einen wunderbaren, mit vielen liebenswerten Fehlern behafteten Polizeipsychologen darstellte (eine Serie, die in die TV-Geschichte eingegangen ist).

Im Zeitalter des Individualismus, in dem wir ja angeblich leben, haben wir aufgrund unseres Äußeren die erste Runde theoretisch schon gewonnen. Ein wichtiges »Verkaufsargument«.

- Außerdem verhalten wir uns völlig anders als andere Menschen, die sich von der so genannten öffentlichen Meinung gängeln lassen. Wenn Frau X im Restaurant begehrliche Blicke die Speisekarte rauf und runter wandern lässt, um sich schließlich doch zähneknirschend und resigniert für Steak und grünen Salat zu entscheiden, verbrüdern wir uns mit unserem inneren Schweinehund (und den Köchen) und bestellen einen kleinen Krabbensalat (der bestimmt Mayonnaise birgt) vorneweg, lassen ein Rahmschnitzel mit Spätzle folgen und können uns doch noch auf das Dessert – egal ob gemischtes Eis mit Sahne oder lauwarmen Schokoladenkuchen – freuen. Selbst die hochmütig-säuerliche Miene von Frau X am Nebentisch kann uns nicht am Genießen hindern.

Denn Genießen, das ist etwas, was runde Menschen – im Gegensatz zu den meisten Zeitgenossen – noch nicht verlernt haben. Schon wieder ein Argument.

- Aber das ist noch lange nicht alles: Mollige sind keine Zimperliesen, das wissen unsere Mitmenschen, und übrigens auch die Männer unter ihnen, recht genau. Emanzipation ist für runde Frauen keine Angelegenheit des Jammerns und der Aggression, sondern wird praktiziert (soweit es vom eigenen Verhalten und nicht vom gesellschaftlichen Vernageltsein abhängt). Uns fällt kein Stein aus der Krone, wenn von sechs Einkaufstüten nur drei vom Begleiter getragen werden. Man kann uns wahrlich als »handfest« bezeichnen.

Dass wir nicht aus Zuckerguss sind und uns auch ein kleiner »Regenschauer« daher nicht gleich umwirft, ist sicher nicht das schlechteste Argument im Rahmen unserer Marketinganalyse.

- Und zum Schluss das wichtigste Argument: Keine Bezeichnung passt auf die meisten Molligen so gut wie das Wort fröhlich. Fröhlich und ausgeglichen. Das ist zwar manchmal auch der Kummer der Dicken, denn zu ihnen kommt alle Welt, um sich an ihren Schultern auszuweinen – sind wir doch auch noch geduldige Zuhörer, und das allein ist für andere ja oft schon ein Trost. Nur wir selber mögen andere mit unseren Problemen eher nicht belästigen.

Unsere Nerven sind zwar auch nicht so stark wie die sprichwörtlichen Drahtseile, aber immerhin halten sie im Regelfall wesentlich mehr aus als die der meisten Dünnen, die jeder Windstoß des Lebens zum Schwingen bringt.

- Dass den Unbillen des Lebens nur mit einer gesunden Portion Humor zu begegnen ist, haben wir frühzeitig – und oft aufgrund schmerzlicher Erfahrungen – gelernt. »Humor ist die beste Medizin« ist zwar ein uralter Volksspruch, aber deshalb noch lange nicht falsch.

Fröhlichkeit und Humor sind in unserer verbiesterten, hektischen und egoistisch-herzlosen Zeit gar nicht hoch genug einzuschätzen.

Selbstbewusstsein kann man lernen

Man kann es wirklich. Zugegeben, es ist mühselig und anstrengend. Über seinen eigenen Schatten zu springen, kostet viel Kraft und Überwindung, aber einmal geschafft, wird jeder im Nachhinein feststellen, dass es so schwierig gar nicht war. Es verhält sich damit ähnlich wie mit dem Gang zum Zahnarzt. Wir schieben ihn hinaus und schieben ihn hinaus. Wenn er dann endlich vorübergegangen ist, stellt man erleichtert fest – so schlimm war es gar nicht.

Für den, der selbstbewusster werden will, gibt es keine bessere oder erfolgreichere Methode, als sich möglichst oft freiwillig Situationen auszusetzen, vor denen er sich fürchtet.

Angstfrei im Mittelpunkt

Dicke Frauen haben Angst davor, im Mittelpunkt zu stehen, weil sie fälschlicherweise meinen, alle Welt starre dann nur auf sie. Sie drücken sich bei Partys oder Empfängen gerne in Ecken herum, damit sie von anderen Gästen verdeckt und nicht so leicht gesehen werden können. Das ist grundfalsch!

Wer Selbstbewusstsein lernen will, sollte sich bei solchen Gelegenheiten ruhig in der Mitte des Raumes aufhalten oder an einer Stelle, wo er von allen gesehen werden kann. Und wenn man sich noch so sehr von Blicken durchbohrt fühlt – es ist meistens Einbildung. Man kann sich sicher sein: Die anderen Gäste haben anderes im Sinn, als ausgerechnet andauernd auf einen dicken Menschen zu starren oder ihn zu beobachten. Und es gibt auch für den einfältigsten und oberflächlichsten Besucher noch andere, wichtigere und auch amüsantere Gesprächsthemen als unsere Rundungen. Sollte man dennoch auf ein derartig seltsames Exemplar treffen, das es nicht lassen kann, zu lästern, sollte man die Sache einmal von einer anderen Seite betrachten: Uns tut dieses dumme Benehmen nicht wirklich weh, und der Arme im Geiste hatte auch einmal ein kurzes Vergnügen. Nicht zu reagieren ist also die vornehmste und beste Lösung.

Wer »nicht in die Welt passt«,
der ist immer nahe dran, sich selbst zu finden.

HERMANN HESSE

Es gibt aber eine zweite, unbequemere Methode, nämlich den Stier bei den Hörnern zu packen. Das ist ohne Zweifel die Methode, die mehr Mut verlangt. (Im Vertrauen – allein das Durchspielen der Szene macht schon ein bisschen stärker!) Zur Anwendung kann diese Brachialmethode nur kommen, wenn die unschöne Bemerkung – auch für andere – nicht zu überhören war. Man geht auf diesen ungehobelten Menschen zu und stellt ihm – ruhig und freundlich – folgende Frage: »Warum sind Sie so intolerant und unhöflich und machen sich über meine Figur lustig?«

Dieses Vorgehen ist kein bloßes Gedankenspiel, sondern mehrfach wirklich ausprobiert worden. Und dabei gab es nur zwei Sorten von Reaktionen. Meistens streitet der Angesprochene ab, eine Bemerkung gemacht zu haben. Diese Feigheit lässt sich am besten mit dem Satz »Schade, dass Sie zu feige sind, mit mir darüber zu sprechen« bestrafen, und es ist durchaus eine Genugtuung, den rot angelaufenen Kopf des Gegenübers zu betrachten. Die zweite mögliche Antwort auf die Frage ist die seltenere, weil sie ebenfalls Mut verlangt: »Weil ich finde, dass es nicht besonders gut aussieht!« Darauf gibt es eine ganz einfache Antwort: »Wie man sich täuschen kann. Sie sehen gar nicht so oberflächlich aus, wie Sie anscheinend sind!« Wer in dieser Situation die schlechtere Figur macht, ist wohl eindeutig.

Das Ganze ist einerseits banal, und andererseits klingt es schon beim Lesen – stimmt's? – peinlich.

Verbale »Täter-Opfer«-Probleme verändern sich deshalb so selten, weil die Opfer sich nicht wehren ...

Nur nicht auffallen

Viele dicke Frauen sind bei Verabredungen in Restaurants oder Cafés meistens überpünktlich, das heißt mindestens eine Viertelstunde zu früh da. Das hat einen tieferen psychologischen Grund: Sie wollen, nein sie müssen geradezu zwanghaft die Ersten bei einem Rendezvous sein, weil sie es nicht fertig bringen, in einer Menschenmenge jemanden zu suchen, sie haben das Gefühl, von allen angestarrt zu werden, und argwöhnen, dass sich alle anderen schon sitzenden Gäste nur über ihre Figur mokieren. Dadurch geraten sie in Panik, bekommen Schweißausbrüche und sind so verwirrt und unsicher, dass sie den Gesuchten – wie blinde Hühner – gar nicht erkennen. Der Trick mit dem Zufrühkommen hilft, diese Paniksituation zu vermeiden. Um ein neues Selbstbewusstsein zu üben, sollte man sich dieser Situation einfach ein paarmal bewusst aussetzen – und einige Minuten später kommen. Bereits beim Betreten des Lokals und bei der Suche nach dem Rendezvouspartner sollte man den Leuten fest ins Gesicht schauen.

Auch dabei wird sich wieder herausstellen, dass die meisten viel zu sehr mit sich selbst beschäftigt sind, um auf einen Wohlbeleibten zu achten. Und wenn doch, wieso immer gleich etwas Negatives dahinter vermuten?

Bewegen auf glattem Parkett

Falls Übungsfälle wie die Party, der offizielle Empfang oder die Verabredung im Restaurant mangels Gelegenheit für eine Selbstbewusstseinsübung nicht infrage kommen, kann man sich die Übungssituation selber schaffen:

Die Halle eines großen Hotels ist dafür ideal geeignet. Dort kommen und gehen ständig viele Menschen. Es gibt kaum einen besseren Ort, um zu lernen, sich ungezwungen zu bewegen. Man sollte sich an einem gut sichtbaren Platz niederlassen, ein Getränk bestellen, aufstehen, um sich eine Zeitung zu besorgen, zu den Telefonzellen gehen, um zu telefonieren, wieder an den Platz zurückkehren … also mit anderen Worten so tun, als gehörte man hierher und hätte da zu tun. Das mag ziemlich albern klingen, hat aber einen ganz einfachen Sinn: Menschen mit solchen Ängsten müssen einfach lernen, sich in einem für sie ungewohnten Umfeld sicher zu bewegen, und das geht nur, indem man sich in die Situation bringt, die man fürchtet.

Dieselben Dienste tut auch ein Mittag- oder Abendessen – allein! Die Freundin mitzunehmen wäre gemogelt! – in einem guten Restaurant, das man vielleicht sonst aus Kostengründen nicht auswählen würde. Glücklicherweise ist die Emanzipation immerhin so weit in unserer Zeit angekommen, dass eine Frau keinen männlichen Begleitschutz mehr braucht, um essen zu gehen.

Auf die Verpackung kommt es an

Um solche Experimente mit der eigenen Ängstlichkeit, bei denen die Gefühle der Angst und Unsicherheit quasi gegen den Strich gebürstet werden, gut zu überstehen, sollte sich jede Frau entsprechend aus-, um nicht zu sagen aufrüsten. Wenn Indianer auf den Kriegspfad gingen, wollten sie mit ihrer auffälligen Bemalung ja nicht nur den Feind einschüchtern, sondern vor allem sich selbst Mut machen. Dieser Vergleich soll keine Aufforderung sein, in sämtliche Kosmetik- und Schminktöpfe auf einmal zu fallen. Es gibt aber ein paar ganz einfache Tricks, wie man sich für ein Selbstbewusstseinstraining in die richtige Kondition bringt.

Einer davon ist beispielsweise, seine Frisur zu ändern. Vielleicht geht man dafür einmal nicht zu seinem Stammfriseur, der die eigenen Vorlieben und Wünsche kennt. Warum nicht einmal in einen Salon gehen, von dem man schon gelesen und gehört hat, von dem es heißt, dass er »in« sei? Warum sich nicht einmal zu etwas Gewagterem verführen lassen? Vielleicht ist das teuer –, aber für das eigene seelische Wohlbefinden sollte Geld einmal keine Rolle spielen. Der so gewonnene »neue Kopf« ist schon der halbe Sieg über die eigene Ängstlichkeit, und schon beim Verlassen des Salons stellt sich ein ganz neues Ich-Gefühl ein. Wer nicht schminksicher ist, sollte auch die nächste Geldausgabe in einem Kosmetiksalon nicht scheuen. Die hat den zusätzlichen Vorteil, dass man für alle Zeiten lernen kann, wie man das eigene Gesicht richtig zur Geltung bringt.

Natürlich darf man all diese Bemühungen nun nicht zerstören, indem man ein Kleid anzieht, das man nicht leiden kann, das schon dreißig Mal getragen wurde, zu kurz oder zu lang oder gar zu eng ist. Ein Kleid, das nicht zur neuen, aufregenden Hochstimmung und Erwartung passt, würde alles verderben.

Grau ist die Farbe der Mäuse (und Elefanten)

Wir runden Frauen gehen denen, die das Schlankheitsdiktat propagieren, ständig auf den Leim. Man muss es leider sagen. Es hat die meisten von uns dazu gebracht, sich so klein wie möglich zu machen und sich hinter größtmöglicher Unauffälligkeit zu verstecken. Es ist falsch, sich in schwarze, graue oder braune Zeltkleider zu hüllen und wie ein wandelndes Indianerzelt durch die Gegend zu huschen. Genauso falsch, wie sich in Unterschätzung des eigenen Volumens in wurstpellenartige, enge Sachen zu zwängen. Rettungsringe, Magen- und Bauchwölbungen sollten durch weiche, fließende Stoffe überspielt werden. Aber nicht, um sie zu verleugnen, sondern um den Gesamteindruck in Harmonie zu bringen. Schwere, unbewegliche Stoffe bilden bei jeder Bewegung im Tragen Ecken und Kanten, die die darunter steckende Frau vierschrötig und schwerfällig aussehen lassen.

Langweilige Farben dienen nur dazu, das verbreitete Vorurteil, dass Rundliche langweilig und temperamentlos seien, zu stärken. Es gibt überhaupt keinen Grund, warum wir nicht dieselben fröhlichen und frechen Farben tragen sollten wie die Dünneren auch. Die alte Formel »hell macht dick, und dunkel macht schlank« ist zwar nicht grundfalsch, aber noch lange nicht der Weisheit letzter Schluss. Auch ungeschriebene Gesetze sind nicht für alle Ewigkeit gemacht. Reifere Jahrgänge erinnern sich noch daran, dass die Farbkombination von Grün und Blau in früheren Zeiten ein absolutes Tabu war. Wer so etwas getragen hätte, wäre mit offenem Mund bestaunt worden, und man hätte ihn für verrückt gehalten. (»Grün und blau trägt Kasperls Frau!«) Inzwischen sind schon mehrere Farbmodewellen dieser Kombination an uns vorübergegangen, und kein Mensch käme auf die Idee, es merkwürdig zu finden.

Wer schon einmal Urlaub in den Bergen gemacht hat, wird bestätigen, dass ein großer, grauer Gebirgszug im Morgengrauen, in der späten Dämmerung oder im Nebel nichts Einladendes an sich hat, eher kalt und bedrohlich wirkt. Wird dasselbe Felsmassiv von der Mittags- oder Abendsonne in Farben getaucht, schaut es majestätisch und schön aus.

Runde Frauen sollten den Mut
zur Farbe haben – sie wurden nicht nur
für die Schlanken erfunden.

Bei der Farbauswahl sollte man auf den Ton der Haare, der Haut und der Augen Rücksicht nehmen, nicht aber darauf, was die Waage anzeigt. Grau ist die Farbe der Mäuse und der Elefanten.

Es ist herrlich, rund zu sein!

KAPITEL 7

Die Runde als Geliebte

Was den ganzen Tag so zusammengeredet und zusammengeschrieben wird, geht auch nicht mehr auf die größte Kuhhaut – das weiß das Sprichwort schon lange. Trotzdem durfte man sich kürzlich über die Headline »Dicke sind weniger berührungsempfindlich als Schlanke« doch sehr wundern. Zu diesem Ergebnis kam, wie man im Artikel nachlesen konnte, ein nicht näher bezeichnetes Team von Wissenschaftlern. Wie dieses »Forschungsergebnis« zustande kam, war leider ebenfalls nicht zu erfahren. Ein halbwegs vernünftiger Mensch – und das ist ja bekanntlich gewichtsunabhängig – kann solchen haarsträubenden Unsinn nur kopfschüttelnd zur Kenntnis nehmen.

Fettschichten liegen im Unterhautbindegewebe des Menschen, also – wie der Name schon sagt – »unter« der Haut. Die Nerven, die Druck, Schmerz oder Wohlgefühl registrieren, sitzen in der äußeren Hautschicht, können von überflüssigem Fett in ihrer Funktion folglich gar nicht beeinträchtigt werden. Eine mollige Frau wird also auf zärtliche

Berührungen in keiner Weise anders reagieren als eine Frau, die kein Gramm zuviel wiegt. Die Redewendung vom »dicken Fell« trifft in puncto Sex auf die Rundliche genauso wenig zu wie in den meisten Fällen in Bezug auf ihr Nervenkostüm.

Ganz im Gegenteil: Da jede wohlbeleibte Frau bestrebt ist, ihr vermeintliches Manko – die zu vielen Pfunde – in irgendeiner Weise positiv auszugleichen, ist sie meist eine besonders einfallsreiche und lebhafte Geliebte, die nicht nur auf ihr eigenes Wohl, sondern oft noch mehr auf das Vergnügen des Gefährten bedacht ist. Sie gehört nicht zu jenen Frauen, die sich aufgrund ihrer Schönheit durch ihre

bloße Anwesenheit im Bett schon als »Siegerin« fühlen und es dem Mann überlassen, was er nun mit ihnen anfängt.

Die selbstsichere Mollige entwickelt Phantasie in der Liebe und versucht von sich aus, dem Partner die Wünsche von den Augen abzulesen.

Die Mutter und die Hure

Allerdings sind mollige Frauen, was ihre Sexualität betrifft, mehr als einem Missverständnis und Vorurteil ausgesetzt. Zwei Extremmeinungen herrschen dabei in der Männerwelt vor:

Die einen sehen in der Dicken den mütterlichen Typ. Ein großer Busen, breite Hüften, mit einem Wort – die Gewichtigkeit der Figur erinnert viele Männer an die eigene Mutter. Oder an die Mutter, die sie gerne gehabt hätten: eine Frau, die wegen ihres Umfangs beruhigend und beschützend wirkt, an deren Brust man sich vor der bösen Welt flüchten kann.

Mollige Frauen, die von Männern aufgrund dieser Muttervorstellungen akzeptiert und »geliebt« werden, sehen sich oft Partnern gegenüber, die schwach sind, nur Liebe fordern und kaum fähig sind, welche zu geben; Männer, die sich von ihren gewichtigen Partnerinnen abhängig machen und in dieser Abhängigkeit oft infantile Verhaltensweisen an den Tag legen.

Solche Zweierbeziehungen gehen voll zu Lasten der Frau, da sie ja ihrerseits keinen Gesprächspartner hat, der ihr bei ihren Problemen und Sorgen eine Stütze sein könnte. Derartige Beziehungen beginnen fast nie aus einem himmelstürmenden, leidenschaftlichen Verliebtsein heraus. Meist geht der festen Bindung ein kumpelhaft-freundschaftliches Verhältnis voraus – der Sex kommt erst viel später, sozusagen als dazugehöriges »Nebenprodukt«, hinzu.

Die zweite, besonders problembehaftete Klischeevorstellung von der dicken Frau ist die der Hure: Ihre Massen kann sie sich nur durch hemmungsloses Schlemmen erworben haben; diese vermutete Zügellosigkeit im Essen wird von vielen Männern auf die Sexualität der Molligen projiziert. Sie wittern in ihr ein männermordendes, un-

erschütterliches Wesen, bei dem sie sich alle Wünsche erfüllen können, die eine »normale« Frau strikt ablehnen würde.

Diese Männer-Wahnvorstellung ist für die betroffenen Frauen wohl die verhängnisvollere, da Männer sie nur benutzen, um sich sexuell auszuleben. An einer dauerhaften Beziehung ist ein solcher »Partner« kaum interessiert; schon deshalb nicht, weil er es nicht ertragen kann, dass jemand seine geheimsten Wünsche kennt, die so gar nichts mit dem idealisierten, ritterlichen Mannesideal zu tun haben.

Sicher ist fast jede rundliche Frau zu ihrem Leidwesen mit diesen beiden Vorurteilen schon einmal konfrontiert worden. Sowohl die Bitte: »Ich möchte nichts anderes als meinen Kopf an deinen Busen legen und einschlafen!« als auch das Geständnis: »Mit dir möchte ich Dinge tun, die ich noch mit keiner Frau getan habe!« können nur in der ersten Schrecksekunde als Kompliment aufgefasst werden.

Golf oder Porsche

Wie kommt es eigentlich, dass selbst aufgeklärte, moderne Männer in Fragen der Sexualität so eigenartige Einstellungen zu dicken Frauen haben?

Auch hierbei ist ohne Zweifel wieder das medienmanipulierte »Schlank-ist-schön«-Ideal zur Verantwortung zu ziehen. Wir leben in einer Markenartikel-Image-Welt. Mein Haus-mein Auto-meine Yacht-meine Geliebte: eine Herzeigewelt. Das weibliche Wesen, das offiziell ins Bett mitgenommen wird, fällt bei vielen – vor allen ledigen – Männern unter die Rubrik »Besitz«. Wie sie lieber statt eines Golf einen Porsche ihr Eigen nennen würden, so wählen sie lieber eine schlanke, so genannte »In-Typ«-Frau aus, weil die anderen Männer, also die Konkurrenz um Geld, Karriere und Ansehen, sie um diese Normfrau eher beneiden. Viele Männer befürchten, sich durch eine unkonventionelle Partnerinnenwahl aus dem Kreis derer auszuschließen, die »angesagt« sind. Eine Bemerkung hinter seinem Rücken wie »Was fängt denn der mit dieser Tonne an?« will er keinesfalls riskieren. Die Kritik, die der dicken Frau an seiner Seite gilt, überträgt er auf sich – er hat Angst, man könnte vermuten, er würde nichts Besseres bekommen.

Eine Frau für stille Stunden

Dabei ist es keinesfalls so, dass sich Männer ganz allgemein nur zur vermuteten »Mutter« oder »Hure« in der molligen Frau hingezogen fühlen. Füllige Frauen unterscheiden sich ja – außer durch ihre Figur – nicht von anderen ihres Geschlechts. Sie sind genauso charmant, klug, lustig usw. wie ihre dünneren Geschlechtsgenossinnen. Und eigentlich sind es ja diese Eigenschaften, die zusammen gesehen die Persönlichkeit und Liebenswürdigkeit eines Menschen ausmachen und den Wunsch wecken, mit ihm auch sexuellen Kontakt zu haben.

Mollige Frauen besitzen sehr oft – zwangsläufig bedingt durch ihr als fehlerhaft empfundenes Dicksein –, sozusagen als Ausgleich, sehr viel mehr Persönlichkeit als Dünne.

Und es gibt durchaus zahlreiche Männer, die diese fröhlichen, charmanten und lebenslustigen Dicken nicht nur akzeptieren, sondern sie bewundern und sich aufgrund dieser positiven Eigenschaften sexuell angezogen fühlen. Trotzdem gibt es auch unter ihnen viele, die sich nicht in aller Öffentlichkeit dazu bekennen.

Temperament ist keine Frage des Gewichts

Manche Männer – aber auch Frauen – hegen das Vorurteil, dass dicke Frauen im Bett träge und temperamentlos seien.

Wie temperamentvoll eine Frau auf die Zärtlichkeiten eines Mannes reagiert, hängt aber doch zweifelsfrei eher davon ab, wie der Mann sich beim Sex seinerseits verhält.

Ein Problem, das sich dicke Frauen in sexueller Hinsicht manchmal selbst schaffen, sind ihre Hemmungen, sich dem Partner nackt zu zeigen. Da im Bett – wie beim Essen – die Tatsache gilt, dass auch die Augen mitessen, kann diese Scheu zu enormen Schwierigkeiten führen.

Jede Angst, die allzu üppigen Rundungen könnten den Partner abstoßen, macht verkrampft und unfrei. Die Ursache liegt in dem negativen Verhältnis, das Mollige zu ihrem Körper haben. Sie schenken den Beteuerungen des Partners »Du gefällst mir genau so, wie du bist!« oft keinen Glauben, weil ihre Erfahrungen außerhalb des sexuellen Bereichs eben andere sind. Hier hilft nur eines: Allen Mut zusammennehmen und die blockierenden Hemmungen einfach über Bord werfen. Ein Mann, der eine rundliche Frau in angezogenem Zustand so anziehend findet, dass er sie auch ausziehen möchte, weiß ja, dass seine Wahl auf keine Dünne gefallen ist. Das Kleid, das eine Dicke dünn macht, gibt es nicht, und es wird auch nicht erfunden werden. Also hat der Mann nicht »die Katze im Sack« gekauft, sondern sehenden Auges eine Entscheidung getroffen. Das sollte sich jede Frau klar machen, bevor sie sich ihres Körpers schämt.

Von der Pompadour zur Monroe

Es gibt in der Geschichte zahlreiche Beispiele dafür, wie begehrt und erfolgreich mollige Frauen in der Liebe waren. Jeanne Antoinette Poisson, Marquise de Pompadour – auf zeitgenössischen Gemälden und Stichen ganz schön proper anzusehen –, war als Mätresse Ludwigs XV. so erfolgreich, dass ihr Einfluss, wie man weiß, weit über das Bett des Königs hinausreichte. Erinnert sei auch an die keineswegs zierliche russische Zarin Katharina II., die als ebenso geniale wie wollüstige »Semiramis des Nordens« in die Weltgeschichte und in die Historie der Liebessitten eingegangen ist.

Als ebenfalls recht kompakt gebaut – entgegen allen Darstellungen in entsprechenden Spielfilmen – weist ein zeitgenössisches Gemälde die Pariser Kokotte Marie Duplessis aus, die, als sie mit dreiundzwanzig Jahren an Schwindsucht starb, bereits ein »vielgeliebtes« Leben hinter sich hatte. Alexandre Dumas (der Sohn des gleichnamigen Verfassers von »Die drei Musketiere« und »Der Graf von Monte Christo«) verewigte ihr Schicksal in dem weltberühmten Drama »Die Kameliendame«.

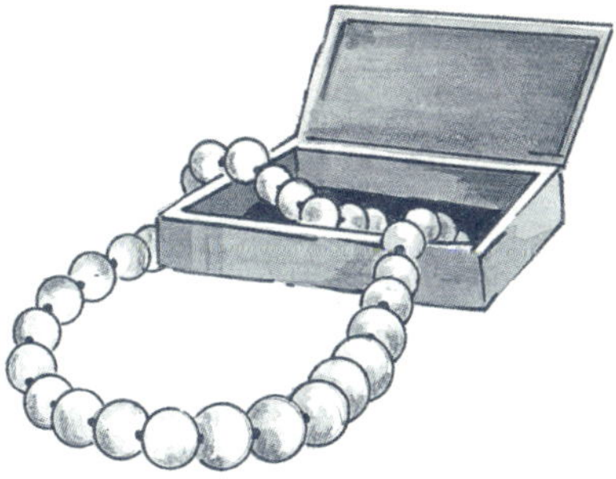

Aber auch in der zweiten Hälfte des vergangenen Jahrhunderts gab es eine Reihe rundlicher Damen, die berühmt wurden und deren Namen wir noch heute kennen: Denken Sie nur an Jane Mansfield oder Marilyn Monroe. Diese Kurvenstars der Nachkriegszeit – Gegenstand von Millionen von Männerträumen – müssten nach dem heutigen Schlankheitsideal schon zu den Molligen gezählt werden. Auch Anita Ekberg war als Verkörperung von »Dolce vita« nicht als Leichtgewicht zu bezeichnen. Ebenso wie Elizabeth Taylor, die schon vor vielen Jahren den Kampf um die Pfunde aufgegeben hat; sie gehört auch als mollige ältere Dame immer noch zu den schönen Frauen dieser Welt.

Sex ist eine Sache, die Freude machen soll. Es geht dabei weder um eine Schönheitskonkurrenz noch um sportliche Höchstleistungen.

Wer sich dabei den Kopf darüber zerbricht, ob vielleicht die Wimperntusche verläuft oder eine bestimmte Körperhaltung die überflüssigen Pfunde in unvorteilhafterem Licht als nötig erscheinen lässt, wer sich Gedanken darüber macht, ob bestimmte akrobatische Turnübungen nicht nach der indischen Vorschrift durchgeführt werden können, weil man dafür eben nicht gebaut ist, bringt sich selbst – und den Partner – unnötigerweise um dieses schönste aller irdischen Vergnügen.

KAPITEL 8

Von der zweitschönsten Sache der Welt

Nicht alle Menschen, die gerne essen, sind oder werden dick. Wir Dicken sind ja auch nicht immer nur deshalb wohlbeleibt, weil wir zuviel essen – manch einem von uns geht der Appetitgaul ja nur zur falschen Zeit durch, oder wir gieren nach den falschen Sachen zur falschen Zeit …

Aber in einem Buch, das sich ausschließlich mit Rundungen beschäftigt, muss zwingend auch über den Zusammenhang von Essen, Erotik und Sex gesprochen werden, ob der Genuss nun sichtbare Folgen zeitigt(e) oder nicht. Ein paar der folgenden Gedanken und Argumentationen werden Leser meines »Kleinen Lasterbuches« schon kennen, ich muss sie wiederholen, weil sie einfach wahr sind …

Frauen werden – natürlich vor allem vom anderen Geschlecht – oft als »appetitlich«, »zum Anbeißen«, »süß« oder »knackig« (das ist schon eher hardcore) bezeichnet, die man(n) am liebsten »vernaschen« würde. Liebespaare haben sich »zum Fressen« gern, Frauenbrüste werden (gar nicht sexistisch, sondern einfach der Natur abgeschaut) in birnen- oder apfelförmig eingeteilt, in schwer wiegenden Fällen auch als Melonen bezeichnet. Das sind tief verwurzelte, umgangssprachliche Ausdrucksweisen, die nicht unbedingt gleich zu feministischen Diskussionen führen müssen, weil auch »der kleine Unterschied« durchaus bei Essens- und Nahrungsmittelvergleichen nicht zu kurz kommt.

Das war zu allen Zeiten so und wird auch immer so bleiben, weil Essen, Erotik und Sex immer schon miteinander in Verbindung gebracht wurden. Und das aus gutem Grund Dichter und Schriftsteller haben zu allen Zeiten höchst lukullische Wortbilder gemalt, wenn sie verführerische Frauen beschreiben wollten. Da haben die Angebeteten »eine Haut wie Milch und Honig« oder eine »so samten wie ein Pfirsich«, »Augen wie Tollkirschen« (gefährlich! – wir wissen, die sind giftig!), sie riechen nach Mandeln und Zimt, haben Pfeffer (oder Paprika) im Blut, locken mit einem Erdbeermund, ihre wohlgeformte Gestalt lässt dem Betrachter das Wasser im Munde zusammenlaufen.

Essen und Sexualität gehören zusammen wie Tag und

Nacht, wie Sonne und Mond. Dass das Wissen darum heutzutage vielen Menschen nicht mehr präsent ist, liegt vielleicht daran, dass unsere Überflussgesellschaft die Nacht zum Tage gemacht hat und dem Wahn verfallen ist, eine sexuelle Revolution hinter sich gebracht zu haben. In Wahrheit sind die Verklemmtheiten immer noch die Nämlichen wie eh und je. Ich gehe sogar noch weiter: Da so viele verlernt haben, Essen durchgängig zu genießen, und sich dabei oft verhalten wie Quartalssäufer (ein Vierteljahr Joghurt, Salat, sprich totale Disziplin, und dann 14 Tage mayonnaisetriefender Fressensrausch, an dessen Ende eine Krankheit wie Bulimie stehen kann), ist vielleicht auch ihr Sexualverhalten nicht ganz so aufgeklärt und lebensfroh, wie man uns glauben machen möchte. Das Ergebnis ist, dass jeder glaubt, alles über Sex zu wissen. Darüber ist allerdings die Erotik verloren gegangen. Ohne sie ist Sex nur mit einer Suppe ohne Salz zu vergleichen.

Die einzige Möglichkeit,
eine Versuchung loszuwerden,
ist ihr zu erliegen.

OSCAR WILDE

Vom dicken Sellerie und vom schlanken Spargel

Es gibt Gesellschaften – vor allem bei den Naturvölkern –, die haben keinerlei Hemmungen in Bezug auf Nacktheit oder sexuelle Intimität vor Fremden, sind aber tief beschämt, wenn man sie beim Essen stört. In puritanischen Gesellschaften war und ist beides verpönt: gutes Essen wie auch guter Sex. Um den Menschen die Lust auf beides zu vergällen, wurden die seltsamsten Abhärtungsmaßnahmen erfunden. Mahatma Gandhi stieg beispielsweise von Kuh- auf Ziegenmilch um, weil ihn erstere sexuell erregte (was ihm offensichtlich nicht in den Kram passte und von ihm vielleicht als Aggression empfunden wurde). Aus dem alten Griechenland ist überliefert, dass der Kreis um Pythagoras die köstlichsten Schlemmereien auftischen, das heißt an den Gästen vorbeitragen ließ, um sie unangetastet sofort wieder abtragen zu lassen. So wurde gelehrt, wie man seine Begierden zähmt (und ein rechtwinkliges Dreieck ist ein rechtwinkliges Dreieck. Aus!)

Nun stand und steht der Menschheit der Sinn weit weniger nach Askese als nach Lustgewinn (»Denn alle Lust will

Ewigkeit«, sagte schon Nietzsche, der Vielgefürchtete). Weshalb sie ständig auf der Suche nach Nahrungs- und Genussmitteln ist, die nicht nur die Manneskraft stärken, sondern auch das andere Geschlecht willig, ja sogar wollüstig machen.

Der (Aber-)Glaube, was aphrodisische Wirkung habe, schlug durch die Zeiten hindurch allerdings geradezu Purzelbäume. Im alten Ägypten galt als verbindlich, dass Salat zu Fruchtbarkeit verhelfe. Es gab eine Menge Brimborium darum – selbst die Pharaonen fühlten sich bemüßigt, die kleinen Nachwuchspharaonen zum Fest des Salatgottes Min zu zeugen. Auf der gegenüberliegenden Seite des Mittelmeers hätte man sich über dieses Treiben sehr gewundert. Die alten Griechen hielten Salat für den Abtörner schlechthin.

Der Sellerie hingegen ist auch heute noch über jeden Zweifel erhaben; man nennt ihn im Volksmund scherzhaft »Stehsalat«, weshalb er Priestern verboten war. Seit in Klöstern Seminare für Führungskräfte veranstaltet werden, ist wohl auch dieses Sellerieverbot aufgehoben worden – man nimmt die Dinge nicht mehr so genau. Aber die Großmütter und Großväter wissen immerhin noch davon.

Das Gleiche gilt für Spargel, der natürlich schon aufgrund seiner phallischen Form zu unkeuschen Gedanken verführt. Da gibt es allerdings noch eine seitliche Arabeske, die nicht unerwähnt bleiben soll. Kenner wissen, dass Spargel harntreibend und daher ein idealer »Nierendurchspüler« ist. Das gilt auch für Spargelwasser, weshalb es unter keinen Umständen nach dem Kochen weggeschüttet werden soll. Lauwarm und leicht gesalzen ist es sogar ein wohl schmeckender Trunk. (Schalen mitzukochen verstärkt übrigens die Wirkung – und den Geschmack.) Nun wissen geübte Spargelesser, dass sich der Uringeruch nach dem Verzehr von Spargel bei manchen Menschen auf wundersame Weise hin zu Veilchenduft verändert. (Das ist wahr – achten Sie ruhig einmal darauf!) Von Madame Pompadour geht das von ihr selbst in die Welt gesetzte Gerücht, dass sie von Spargel gar nicht genug bekommen konnte und mit ihrem König, Ludwig XV., die wundersamsten Wasserspiele spielte.

Nach der Entdeckung der neuen Länder und Kontinente kamen zum Althergebrachten natürlich neue Liebeszaubermittel wie Zimt, Nelken, Muskatnuss, Mandeln, Kokosnuss, Kaffee, Schokolade und Vanille (angeblich kommt

das Wort von Vagina). Dazu zählt ebenso die Kartoffel, auch wenn wir das heute gar nicht so recht glauben mögen, weil wir uns keine »deutschere« (und damit unerotischere) Feldfrucht vorstellen können. Aber es muss wohl so gewesen sein, denn Shakespeare lässt seinen Falstaff die Kartoffel in einem erotischen Zusammenhang zitieren: »Nun mag es Kartoffeln regnen, Liebesperlen hageln und Mannestreu schneien; ein Sturm von Versuchung mag sich erheben, ich gehe hier in Deckung.« Sagt's in den Armen einer Frau (womit die Deckung gemeint ist!). Viel später erwähnt auch Lord Byron im »Don Juan« die Kartoffel im erotischen Zusammenhang. Wie sehr sich unsere Meinung über die Kartoffel gewandelt hat, lässt sich an dem Wort »Bratkartoffelverhältnis« ablesen. Zielt es doch eher auf ein spießig-gemütliches Versorgungsverhältnis denn auf feurige Liebesspiele. Das Sprichwort »Die dümmsten Bauern haben die größten Kartoffeln« erhält allerdings genauer betrachtet einen ganz neuen Doppelsinn ...

Gewürze der Liebe

Ganz besondere Liebeskräfte vermutete man immer schon, egal zu welchen Zeiten, hinter besonders teuren, kostbaren Speisen, weshalb wir uns heute bei »Bedarf« eher der Auster, dem Kaviar und der Trüffel glauben zuwenden zu müssen. Da spielt natürlich Psychologie eine nicht zu unterschätzende Rolle: Macht und Geld üben auf bestimmte Menschen eine unwiderstehliche Anziehungskraft aus. Dennoch hat sich alter Volksglaube – wie schon beim erwähnten Sellerie und Spargel – erhalten.

Über Artischocken steht in einem alten Kräuterbuch nachzulesen: »Die Wurzeln und das Fleisch unter dem Köpfle mit Salz, Pfeffer und Galgant gegessen, öffnen den Gang zum unkeuschen Samen.«

Unter schwerem erotischen Verdacht standen auch alle Sorten von Hülsenfrüchten, Zwiebeln und Knoblauch, also alle blähenden Gemüsearten. (Ob man da etwas verwechselt hat?)

Der Ruf des Ginseng hat sich bis heute gehalten, unterstützt durch ein cleveres Marketingmanagement, und vom Ingwer weiß man, dass er gefäßerweiternde Wirkung hat, was in Liebesdingen nicht von Schaden ist.

Koriander und Kümmel wurden von unseren Urahnen hoffnungsvoll gekaut. Um die Muskatnuss gab es die unglaublichsten, zum Teil höchst unappetitlichen Zauberriten; heute weiß man, dass zuviel davon narkotisierend wirkt und nicht ungefährlich ist.

Nelken haben, wie alle geruchs- und geschmacksintensiven Gewürze, stark stimulierende Wirkung, weshalb unsere Ahnen sich davon beachtliche Erektionen versprachen. Als Verführungstrank für prüde Burgfräulein und keusche Mägde galt beispielsweise warme Milch, gekocht mit »Würznäglein«, Melissenkraut und »Pomeranzenschalen«, wobei der Erotikglaube sich wohl auch vom Exotischen der Zutaten abgeleitet hat. Kein Verführer von heute würde auf die Idee kommen, sein Objekt der Begierde mit warmer

Milch verführen zu wollen. (Da habe ich einen eher heutigen Tipp, wenn es denn vielleicht doch die Milch sein soll: Amaretto mit Milch (1 : 8) – es schmeckt hervorragend und macht höchst anschmiegsam.)

Die Einführung der italienischen Küche hat uns allen die Gaumenfreuden durch Salbei vermittelt. Dass dieses köstliche Kraut aus der Küche des Südens nicht wegzudenken ist, hat wohl auch etwas mit Amore zu tun. Sein lateinischer Name – Horminum – leitet sich ab von »horman«, was sich mit »zur sinnlichen Begierde reizend« übersetzen lässt. Also Salbei anpflanzen!

Ein abschließendes Wort sei der Vanille gewidmet, denn sie ist es, der beispielsweise die Schokolade ihre (tatsächlich) anregende Wirkung verdankt – meinten zumindest die Galane der Rokokozeit –, sie schworen darauf, dass die Sache erektionsfördernd sei. (Heute redet man eher darüber, dass sie dick macht!) Damals gab es Schokolade vor allem als Getränk, dem auch Zimt, peruanischer Balsam und Kardamom beigemengt wurde. Ein Zeitzeuge hat aufgeschrieben, dass Schokolade vor allem von jungen Ehemännern exzessiv getrunken wurde, »um ihren Weibern Genüge zu leisten«. So ändern sich die Zeiten: Einen Ka-

kaotrinker würden die Frauen von heute zunächst nicht als »hammerharten« Kerl einschätzen! Wir haben uns zwar Softies gezogen, aber so soft muss es nun auch wieder nicht sein!

Dank an alle Köchinnen und Köche dieser Welt

Nun mag man von alldem halten, was man will – am Ende kommt es darauf an, beim Essen seinen Instinkten zu folgen. Und wie schon ein alter Bauernspruch sagt: »Einbildung ist auch eine Bildung.«

Kochen, Essen und Sex haben auf jeden Fall ein paar Dinge gemeinsam: In Hast und Eile wird nichts daraus; die guten Dinge muss man sich im Kopf, auf der Zunge (und auf der Haut) zergehen lassen.

Warum glauben Sie, zieht es so viele Männer und Frauen immer wieder in die Küche, während der Partner kocht? Das ärgert viele Köchinnen und Köche sehr, denn wenn sie Diffiziles rühren, wenden oder drehen, müssen sie sich konzentrieren und wollen dabei nicht gestreichelt und beschmust werden. Aber was soll man als liebender Mensch tun, wenn die wundersamsten Bratendüfte und Backaromen geradezu unwiderstehlich durchs Haus ziehen? Man muss einfach seiner Vorfreude Ausdruck verleihen und ins Zentrum dieser Verheißungen vordringen, wie von einem Magneten angezogen. Lasst euch doch küssen, ihr Schöpfer aller Sinnesfreuden. Vorher und nachher! Wir Genießer können einfach nicht anders!

Dieser kleine Ausflug ins Nahrungsmittelerotische hatte nun zwar tatsächlich nicht viel mit dick oder dünn zu tun. Aber ganz viel damit, worauf es unter anderem im Leben ankommt: Nämlich darauf, Freude zu haben und zu genießen. Dass das Ergebnis bei dem einen deutlicher zu sehen ist als bei manch anderem – was macht das schon?

Stellen Sie sich eine große, sommerliche Apfelwiese im Sonnenschein vor, mit einem langen gedeckten Tisch voll mit den wunderbarsten Speisen. Es riecht nach Heu, die Bienen summen, der Himmel ist blau und die Luft streichelt die Haut. Es wird gelacht, geredet, gegessen und getrunken – und alle, die das tun, sehen gleich aus: Jeder von ihnen ist 21 Jahre alt (Jugendwahn), wiegt 55 Kilo (Schlankheitswahn) und sieht aus wie der Lieblingsschauspieler oder die Lieblingsschauspielerin (Zeitgeist- und Uniformwahn).

Eine Szene wie aus einem Science-Fiction-Film, der eine Welt von Klonen beschreibt. Eine geradezu gruselige Vorstellung!

Lasst uns also lieber sein eine einig Welt
von Dicken und Dünnen. Vor allem aber eine
Welt voll von Menschen, die sich an ihrer
Unterschiedlichkeit erfreuen können.

KAPITEL 9

Das runde Wesen in der Kunst

Von Wolfgang Christlieb

Bekanntlich unterliegt die Kunst Schwankungen, nicht nur in den Stilen, denen sie jeweils folgt, sondern auch in Hinsicht auf ihre Ideale, das heißt dessen, was darstellungswürdig und schönheitsgemäß erscheint. Es sind unerklärliche Befehle und Parolen, die über ganze Landstriche und Zeitalter ausgegeben werden und denen sich der einzelne Künstler offenbar nur schwer widersetzen kann, es sei denn, er wäre ein Genie und schriebe selbst seiner Mitwelt den Kodex vor. Es lässt sich nicht verhehlen, dass die Grazie der Dicken in vielen Epochen der bildenden Kunst nur eine schwache Resonanz ausgelöst hat. Wie gebannt scheinen manche Epochen auf einer gewissen Skelettierung des menschlichen Abbildes bis zu einer seltsamen und unnatürlichen Dünnheit zu beharren. Als Extrem, und selbst in unserer Zeit nur selten überboten, präsentiert sich hier das späte Mittelalter, und zwar besonders in seinen französischen, flämischen und niederländischen Ausläufern. Es ist fast gleichgültig, welchen Namen wir da herauspicken – ob Rogier van der Weyden, Dieric Bouts, Hans Memling, Hugo van der Goes oder Hieronymus Bosch –, die Menschen werden hier so dünn wie der sagenhafte Suppenkasper am Ende seiner selbstgewählten Fastenkur oder wie wandelnde Kleiderbügel, die ausschließlich dem Zweck dienen, kostbare Brabanter Stoffe durch riesige Kathedralen zu tragen.

Dass solche Extreme weder der Realität noch dem Wunschdenken der Mehrheit entsprechen, leuchtet ein. Aber das Pendel schwankt und schwingt, und gerade in den Niederlanden erleben wir das ungeheure Schauspiel, dass just einhundertzwanzig Jahre nach dem Gespenstertanz der Nackten und der Dünnen das genaue Gegenteil einsetzt: eine Apotheose der körperlichen Fülle, die im europäischen Abendland bis dahin ohne Beispiel war und die mit der Gewalt eines Lavastromes alle Anschauungen des Mittelalters hinwegschob. Und dies, man vergesse nicht, im Namen der ganz gleichen Religion, die kurz vorher eine Art asketisches Normalgewicht ausgegeben hatte. Jedermann kennt die Namen, die mit der Verkündung des neuen malerisch-religiösen »Iss-Dich-satt« verbunden sind: Peter Paul Rubens vor allem, dann sein gelehriger Mitarbeiter Jacob Jordaens, der Amsterdamer Gesellschaftsmaler Bartholomeus van der Helst und nach ihnen die ganze französische Akademie. Besonders die Bilderwelt des Rubens muss wie eine Erlösung empfunden worden sein, befreite sie doch die Elite der hochbarocken Damenwelt von dem Zwang zu spatzenhafter Schmächtigkeit, wie sie noch die »Schule von Fontainebleau« vorgeschrieben hatte (die unteren Stände, siehe Peter Brueghel, fraßen sich ohnedies voll).

Welche Revolution der Gastronomie, des guten Geschmacks und des allgemeinen Lebensgefühls! Jahrhunderte einer nun überholten Einstellung sanken jäh ins Grab, wurden »Geschichte« und Staub der geschmacklichen Vergangenheit.

Die Grazie der Fülle

Aber wie kam es zu diesem so ungeheuren Sinneswandel im Denken einer Generation? Was für geheime, unerklärliche Kräfte ziehen da unter der Decke der bürgerlichen Konvention mal nach der einen, mal nach der anderen Seite und bewirken solche Umwälzungen?

Denn, um es noch einmal hervorzuheben: Es handelt

sich hier nicht um Fragen des Gewichts, nicht um materielle Pfunde, sondern um prinzipielle Fragen der Gesellschaft, um die Anerkennung des Fülligen im Sinne der bildnerischen Ästhetik: um die »Grazie der Dicken«.

Bevor wir uns nun in die Garküchen der Kunstgeschichte stürzen, sei ein Blick auf die uns nächstliegende Epoche gestattet, auf die Gegenwart, beziehungsweise die jüngste Vergangenheit, das heißt also, auf die Kunst unserer Zeit. Größere Gegensätze lassen sich nämlich beim besten Willen nicht denken. Die Annalen der Kunst belegen es unbestreitbar:

Um das Jahr 1920 muss eine der größten Revolutionen der Mode, des Geschmacks, der Anschauung und der Moral und damit auch der Bewertung des »Dicken«, stattgefunden haben, die jemals in der Weltgeschichte zu verzeichnen waren.

Mit dem Ende des Ersten Weltkrieges, der ja nicht nur von Deutschland und den Mittelmächten enorme Tribute gefordert hatte, mit der Inflation und der Zerstörung großer Vermögen, mit dem Heraufkommen ganz neuer Gesellschaftsschichten sowie dem Einbruch von Kubismus und Expressionismus (vor 1914 noch eine interne Angelegenheit weniger Elitekünstler) in das Bewusstsein der breiten Massen setzte auch eine Neubewertung der weiblichen Figur ein, die an Radikalität ohne Beispiel war. Das Ganze ging sicherlich von Paris aus, wurde aber in Berlin (damals – wie heute wieder – *die* deutsche Weltstadt) mit Begeisterung aufgenommen. Für die Mode war der Garçon-Typ geboren, und die Illustrierten, vor allem die geschmacksbestimmenden Journale, nahmen sich der »neuen Linie« mit Vehemenz an.

Die neue Linie – später nannte sich eine Zeitschrift, die von Bruno E. Werner herausgegebene, höchst amüsant gemachte »neue linie« danach – war geboren. Und mit »Linie« kann, das Wort sagt es ja, nur die gerade Linie gemeint sein, in diesem Fall eine Vertikale, auf einen schmalen Grundriss gebracht.

Die junge Frau sollte sich vom erwachsenen Mädchen möglichst nicht mehr unterscheiden. Die Mutter hatte als ältere Schwester ihrer natürlich extrem schlanken Kinder zu gelten. Die Merkmale, die noch um 1900 auf allen

Kunstausstellungen die Erscheinung des »erwachten Vollweibes« anzeigten, nämlich ein voller Busen und ein betont breites, sich im Gang wiegendes, einen richtigen »Schoß« bildendes Becken, waren nun als ungültig, ja kompromittierend ausgetilgt. Der Gang bekam eine jungenhafte Forschheit (das »Weib« von ehedem hatte zu »schreiten«), die sitzende Figur, ob beim Fünfuhrtee oder in der Nachtbar, bekam etwas von ägyptischer Rechtwinkligkeit, wenn auch eine gewisse, von Amerika importierte Schlaksigkeit als Zeichen der Emanzipation durchaus erlaubt und willkommen erschien, allerdings nur im Rahmen der alles beherrschenden Vertikale.

Wir nennen das alles heute den »Stil der zwanziger Jahre«, dürfen aber nicht vergessen, dass dieser Stil und die mit ihm korrespondierende Haltung bis heute, das heißt also jetzt schon über achtzig Jahre, das theoretische Manifest des offiziellen Geschmacks bildet.

Die Zentren der schlanken Linie

Es ist nun sehr aufschlussreich und bildet sozusagen das Kernstück unserer ästhetischen Betrachtung, dass dieser Geschmack, so selbstherrlich, siegesgewiss und kompromisslos er sich auch ausbreitete, doch nicht problemlos und unangefochten gelten konnte und sogar, geographisch gesehen, nicht in allen Teilen der Welt und Europas akzeptiert wurde. Berlin, Paris, London und das angelsächsische Amerika waren die Hauptankerplätze der neuen Fregatte. Es ist hoch interessant zu beobachten, dass sich genau in diesen Städten und den von ihnen abhängigen Territorien der Mode und des Geschmacks selbst im Gerät und in der Gebrauchskunst das genaue Korrelat zu der Modediktatur der Schlanken durchsetzte: Im Gegensatz zu dem betont

»hochbusigen« Jugendstil vor 1914 nun Art deco, eine Kunstrichtung, die so tat, als hätte alles, Mensch, Pferde oder Ozeandampfer, mindestens ein Lineal oder, schlimmer noch, ein Dutzend Messlatten verschluckt.

Es ist wichtig, dass wir uns diese Genealogie der »schlanken Linie« in der Kunst vor Augen halten, denn erst wenn man sie berücksichtigt, ergibt sich die richtige Einschätzung der Kunstwerke von Rang, die über der Tagesmode und ihren verschiedenen »trends« stehen und eine Aussage machen können über die wirklichen Verhältnisse an der Kalorienfront Europas, über die wirklichen Paris-Urteile, die, wären die Maler und Skulpteure in der Lage jenes königlichen Hirtenjungen aus Troja, gefällt würden, wenn es einmal auf eine objektive Situationsschilderung über die Wege der neueren Kunst ankäme. Um es vorweg zu skizzieren:

Zahlreiche Künstler seit 1900, aber auch schon in den Jahrzehnten davor, sind Anhänger einer lustvollfülligen Erscheinung des Weibes, und nur ganz wenige – an einer Hand zu zählen – sind Anwälte einer diätbewussten, mageren bis spindeldürren Ausgabe in den Formaten Garçon bis Twiggy.

Dies mag überraschen, aber die Tatsachen, die wir sogleich benennen wollen, lassen eine andere Deutung nicht zu. Um gleich mit den Vertretern der dürren Minderheit zu beginnen: In der Malerei war es vor allem Karl Hofer (Berlin), der, von den wohlgenährten Gestalten seiner Jugendwerke abgesehen, fast nur steckerlhafte Hampelmänner und schmalbusige, traurig blickende, totenbleiche Mädchen malte. Das Bildnis der Matrone war ihm fast unbekannt. Persönlich muss er seinen Selbstbildnissen und den erhaltenen Porträtfotos nach ein sauertöpfisch blickender Geselle gewesen sein, ein Lachen kommt auf seinen Bildern nicht vor, es sei denn als verzerrtes Grinsen einer Maske. Karl Hofer stammte aus Karlsruhe, der (laut Lenin) zur Revolution geeignetsten Stadt des alten Deutschland. Strenge und eine zur Automatik erstarrte Moral walten denn auch in Hofers Gemälden.

Mit der »neuen Linie« im obigen Sinne hat Karl Hofer aber nicht das Geringste zu tun, es fehlt ihm ganz der sportliche Charme, der die Epoche nach 1920 in ihren besseren Erscheinungen immerhin auszeichnet, es fehlt auch alles Urbane, Elegante, Internationale. Ein deutscher Sonderfall.

Ein Sonderfall war auch sein Zeitgenosse, der 1966 verstorbene Bildhauer Alberto Giacometti. Er wurde ebenfalls, nur in einer völlig anderen Richtung und mit anderen Absichten, ein Apostel der Dünnen. »Dünn« ist allerdings keine Bezeichnung mehr für diese wie Nudelteig auseinandergezogenen, endlos in die Länge gestreckten, auf Storchenbeinen einherstaksenden Schreckensgestalten, die mit ihren plumpen Bäuchen und endlos auslatschenden Plattfüssen gleichsam nach Worten zu suchen scheinen, um sich für ihre Hässlichkeit zu entschuldigen.

Dabei war Giacomettis Onkel, der prachtvolle Maler Augusto Giacometti, einer der frohesten, lebensvollsten Maler zwischen Florenz und Graubünden gewesen! Aber der jüngere Giacometti hatte sich in Florenz so lange frühetruskische Bronzen angesehen, dass er anscheinend nicht mehr

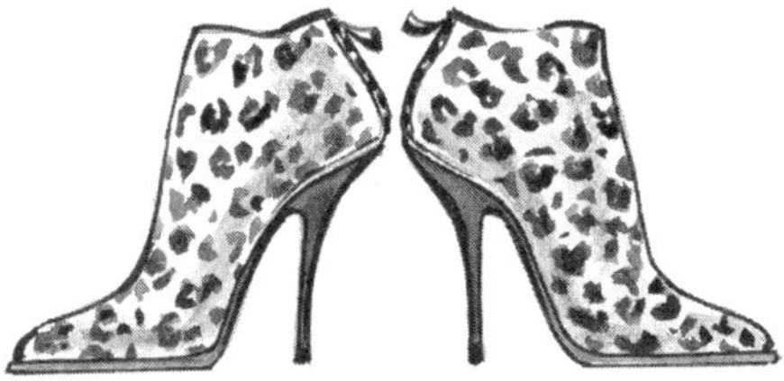

anders konnte, als in Paris ein Pantheon der himmlischen Magerkeit zu errichten. Der Kunsthandel dankt es ihm.

Jedoch, wir sehen es schon: Magerkeit in der Kunst hat etwas mit Marotte zu tun, mit Spleen und extremen Situationen. Aufs Ganze gesehen und ins Volle gegriffen, ergibt sich ein völlig anderes Bild:

Der Vollblutkünstler liebt viele Formen, und gerade der moderne Künstler ganz besonders. »Embrassez la vie!«, heißt die Parole, und dies lässt sich, der Mode und ihrer vermeintlichen Vorherrschaft zum Trotz, mit hervorragenden, ja weltberühmten Beispielen leicht belegen.

Die Meister und das Vollblutweib

Da ist Pierre-Auguste Renoir, der französische Impressionist, der Maler unzähliger Mädchenakte und Frauengestalten, ein Erfinder und Schilderer irdischer Paradiese, einer der einflussreichsten Künstler, die je gelebt haben. Da ist Gustave Courbet, der Meister aus Ornans, der mutige Realist und Verehrer der hochgewachsenen, vollerblühten Frau, ein ernster, verantwortungsbewusster Mann mit einer unbändigen Lebenszuversicht, ein Halbgott der Moderne. Da ist Giovanni Segantini, der großartige Schilderer der Alpenwelt, zugleich ein begnadeter Menschengestalter, der die Frau, besonders die junge Frau, überhaupt nur unter dem Vorzeichen »Mutterschaft« sehen konnte und der als einer der ersten das Motiv der stillenden Mutter mit dem Kind an der Brust in die Thematik der modernen Kunst einführte. Da ist Lovis Corinth, der Vollblutmaler aus Ostpreußen, dessen saftiger Pinselstrich eine Weiblichkeit darstellte, bei der unter achtundneunzig Zentimeter Brustumfang überhaupt nichts zu machen war.

Das sind nur einige Namen aus dem obersten Bereich der bildenden Kunst. Man vergleiche aber auch, wie diese große Linie im Bereich der Karikatur und der milieugebundenen Graphik ihr Echo findet. Drei Namen von Weltrang können hierfür stehen: der auch als Maler hervorragende, wahrhaft geniale französische Zeichner Honoré Daumier (1808 bis 1879), Heinrich Zille aus Berlin (1858 bis 1929) und der aus Norwegen kommende Olaf Gulbransson (1873 bis 1958). Drei Namen, drei Länder, drei Begriffe –

und alle drei waren Meister der runden Form. Diejenigen, die Olaf Gulbransson noch gekannt haben, erinnern sich, wie er beim Zeichnen bedächtig die Feder ansetzte und als erstes zu einer großen Kurve ausholte. »Die Welt ist rund«, pflegte er dabei genüsslich zu sagen.

Um die Linie bis in unsere Tage fortzusetzen: Pablo Picasso, obwohl nie auf eine einzige Erscheinungsform festzulegen, als Formenerfinder und Meister der polymorphen Verwandlungen unerreicht, ein Genie der Gestaltung, das weit über sein Jahrhundert hinwegleuchtet, hat die Existenz eines fülligen, ausgereiften Körperbaus nie geleugnet. Im Gegenteil, wenn wir sein Lebenswerk verfolgen, so stellt sich heraus, dass die Dicken, Vollschlanken und Molligen bei ihm immer größere Bedeutung gewinnen, besonders im Alterswerk ab etwa 1950, da er sich zunehmend wieder der gegenstandsbezogenen Bildform nähert. Dieser Vorgang ist sicher für das Thema dieses Buches von Bedeutung und liefert tiefgehende Aufschlüsse über das primordiale, das uranfängliche Denken der aus dem Untergrund der menschlichen Existenz schaffenden Künstler. Je näher den Ursprüngen und je elementarer das Werk eines Künstlers ist, um so näher »bei den Müttern« scheint es zu liegen. Jedoch

Picasso (er lebte von 1881 bis 1973) steht in dieser Beziehung keineswegs allein. Er ist umgeben von einer Korona ähnlich gesinnter und »gestimmter« Zeitgenossen und Weggefährten, allen voran natürlich sein zeitweiliger Freund und Rivale Georges Braque (1882 bis 1963), dann der eigenartige André Lhote, André Derain in vielen seiner Frauenakte und auf deutscher Seite korrespondierend Maler wie Alexej von Jawlensky, der zum Kreis des »Blauen Reiters« gehörte, und der große, unvergleichliche Max Beckmann.

Einen Blick auf die Plastik kann das Gesagte nur unterstreichen: Der Bildhauer Aristide Maillol (1861 bis 1944), dessen Schaffenszeit das vorvorige Jahrhundert mit dem vorigen wie eine Klammer verbindet, umgab sich ausschließlich mit fülligen Frauengestalten, wobei das Motiv der »Pomona«, der Früchtespenderin, eine besondere Bedeutung gewann (auch wieder das Motiv der Lebensfülle, des natürlichen Reichtums und der Fruchtbarkeit). Und, bis in unsere Tage hinein wirkend, der 1898 geborene englische Bildhauer Henry Moore.

Gerade wenn wir Henry Moores Figurenreichtum überblicken, müssen wir uns erstaunt eingestehen: Unter drei Zentner Lebendgewicht ist bei ihm gar nichts drin. Zirkusriesen können zu seinen gewaltigen Volumen nur neidisch und bewundernd aufblicken. Das Entscheidende und für unsere Argumentation Ausschlaggebende ist dabei, dass Henry Moore sowenig wie Picasso auf die Dicken angewiesen ist. Er kann, wie Picasso, alles. Es gibt dünne, biegsame und schwingend schlanke Figuren von Henry Moore. Dass er aber die gewaltigen Quartiere der ausgereiften Muttergestalt, der in ihrem Existenzverständnis wie in einem biologischen Kosmos ruhenden Lebensgöttin immer wieder und mit sich steigerndem Gewicht aufsucht, muss mit etwas Tieferem, es muss mit dem Zentrum des Bilddenkens zusammenhängen.

Der liebe Gott und Frau Holle

Wir müssen annehmen – und die soeben aufgezählten Beispiele der großen Künstler drängen uns dazu –, dass die Vorstellung des heutigen, auf Schlankheit, Sport und gerade Linie hingezüchteten Westeuropäers nicht oder jedenfalls nicht ausschließlich der ursprünglichen Konzeption des Menschen entspricht, dass sie uns vielmehr durch unser westliches Leben und die hier gepflegten Ideale des schnell und eiskalt reagierenden Leistungstyps angezüchtet ist, ein Entwicklungsprodukt, das die ursprüngliche Körperverfassung und Kondition des Menschen für unseren Blick verdeckt. Und doch scheint die primäre Konzeption tief in unserem Unterbewusstsein zu schlummern – und da und dort auch hervorzuspitzen. Man braucht bloß in die eigene kindliche Vorstellungskraft hinabzutauchen. Wie war das doch, wenn man sich nur ein bisschen besinnt?

Wie sehen sie denn aus, die ersten wichtigen überpersonalen Wesen unserer Einbildungskraft, die ersten Instanzen höherer Mächtigkeit? Der liebe Gott, Frau Holle, die Schneekönigin, die Sonnenblume, das Fliedermütterchen, ja selbst der Sturm, der Nordwind oder der Erdgeist Rübezahl?

Rund, majestätisch rund, das steht fest. Und selbst ihre nächsten humanen Repräsentanten – der Mohrenfürst, der gute alte König, der gut gesinnte Wichtelmann, die Lindenwirtin, der wohltätige Reiche – sie gerieten dem Vorbild des Sonnenhaften nach. Und was, wenn wir uns nun auf das Gegenteil besinnen, war dünn, schlank oder spitz? Nun, zunächst die unwichtigen, eigentlich unnützen Gespenstlein der Natur, wozu wir Kinder uns selbst zählten (denn das Kind empfindet sich als Elfe, als gewichtsloses, fast nicht vorhandenes Wesen): also Heuschrecken, Grillen, Libellen, Fliegen, Spinnen, diese »Nichtse« des Daseins. Dann aber, im menschlichen Bereich, alles Böse, gleisnerisch Täuschende oder Feindliche: die alte Hexe natürlich, aber auch das falsche Schlossfräulein, der Zauberer, die bösen Schwestern, die grausame Stiefmutter, alle Gespenster, Geister und Spukgestalten und – sehr bezeichnend, im Gegensatz zum reichen Prasser – der Geizkragen!

Alles Dünne ist aus der Mitte des Lebens gefallen, ist etwas Vereinzeltes, ruhelos Unbefriedetes, immer auf ein ehrgeiziges Streben, auf Gewinn und rastloses Streben gerichtet.

Es fehlt ihm die in sich ruhende Selbstgewissheit, die selbstverständliche Existenzfülle des Runden. Der Dünne, so will es scheinen, braucht stets einen motorischen Antrieb, um die fehlende Hälfte zu erjagen, die ihm zum Glück fehlt. Er muss Sport treiben, wenn sonst nichts Dringendes ansteht, und davon wird er nicht runder, weshalb er dann noch mehr Sport treiben kann.

Wir nähern uns jetzt einem Punkt – das Stichwort Sport hat es schon signalisiert –, dem wir unmöglich mehr ausweichen können und von dem wir eine grundsätzliche Klärung des vorher nur beispielsweise Gesagten erhoffen dürfen: Wie hielten es die Griechen in der Frage von Schlankheit und Körperfülle?

Man wird instinktiv oder auch spontan antworten: Natürlich waren sie für die schlanke Linie, sonst hätten sie den Sport nicht erfunden. Doch mit einer so simplen Auskunft können wir uns unmöglich zufrieden geben. Die Sache ist in Wahrheit sehr verzwickt, und wir müssen vorsichtig unterscheiden.

Zunächst einmal steht das eine fest: Die Griechen haben die schlanke Linie in der Kunst nicht erfunden. Diese war vielmehr im östlichen Mittelmeerraum bereits eine feste

Tatsache, als die Griechen im späten siebenten und sechsten Jahrhundert vor Christus begannen, ein Menschenbild nach ihrem eigenen Geschmack zu formen. Bereits die Ägypter und dann auch die Kreter hatten in Reliefs und auf Wandmalereien Beispiele von extremer, manchmal geradezu unnatürlicher Schlankheit gegeben. Gewisse Soldaten, Jäger, Fischer oder Taucher bekommen auf minoischen Malereien eine Wespentaille, die um die Verdauung der Dargestellten fürchten lässt.

Und dies waren noch nicht einmal die ersten Exemplare der schlanken Linie am Mittelmeer. Es gibt vorgeschichtliche Bronzen aus Kleinasien, aus Sardinien und von anderen Inseln, die den Menschen schon gar nicht mehr als Volumen darstellen, so dünn und drahtförmig sind diese Kleinplastiken. Die Frage ist nun: Glaubten diese Völker wirklich an die Ebenbildlichkeit ihrer Menschendarstellungen, oder handelte es sich nicht vielmehr um stilistische Eigentümlichkeiten?

Wir neigen der letzteren Ansicht zu. Denn unmöglich konnten etwa die Kreter glauben, ihre Küsten würden von Seeleuten von zikadenhafter Dünnheit bewacht und verteidigt. Die Menschen auf Kreta sahen bestimmt nicht anders

aus als die auf Mykene, auf den Kykladen oder in Ägypten. Es war ein ziemlich internationaler Menschentyp, der zwischen 2000 und 1000 vor Christus das Mittelmeer unsicher machte.

Die extreme Schlankheit vieler dieser ritualisierten Malereien und Kleinplastiken deuten wir deshalb nicht im Sinne einer Abbildungsfunktion, sondern einer Sinnbildlichkeit. Es sollte mit solchen Bildern gesagt sein: So mutig und gewandt, so schnell und gelenkig sind unsere Taucher, Tänzer, Artisten und Akrobaten – nichts ist ihnen unmöglich. Eine maßstäbliche Übertragung auf die Anatomie lebender Menschen wäre also ganz unstatthaft und unrealistisch.

Die griechische Täuschung

Dies ändert sich nun grundlegend mit dem Beginn der eigentlichen griechischen Kunst im siebenten und sechsten Jahrhundert. Eines ihrer Hauptmerkmale ist, dass nun zum ersten Mal versucht wird, das körperliche Volumen, das Maß von Umfang und Schwere am einzelnen Menschenbild fühlbar und erlebbar zu machen. Das Bild beginnt zu atmen. Das Spiel von getragener Masse und lebendiger Kraft, von Lockerheit und Spannung wird erstmals sichtbar und dadurch nachvollziehbar gemacht. Die bildende Kunst bekommt eine realistische Komponente, die vorher nicht da war.

Und damit ist zum ersten Mal in der Kunstgeschichte der Moment gegeben, wo es einen Sinn hat, nach dem »Dick oder Dünn« der antiken Menschendarstellung zu fragen. Die Verhältnisse werden jetzt ablesbar, und die erste Feststellung ist, dass die Menschen auf den griechischen Reliefs und Vasenzeichnungen ihre unnatürliche, übertriebene Schlankheit ablegen und anfangen, wie normale Menschen auszusehen.

Sofort ändert sich auch die gesamte Konzeption der

menschlichen Anatomie. Bei den Kretern war der Körper – ohnehin länglich gestreckt – durch die eingeschnürte Wespentaille (»snake hips«) gleichsam in zwei Teile zerrissen: in den Oberkörper mit Armen und Kopf und den Unterkörper mit den Beinen. Das Erste, was die griechischen Bildhauer machten, war, das Becken gewaltig zu erweitern und die Muskelpartien der Oberschenkel mit den Hinterbacken bis zum Hüftknochen hinauf zu einem gewaltigen, kraftstrotzenden Paket zusammenzufassen. Auf diesem Block saß dann – wie das Hauptgeschoss auf seinem Sockel – der Oberkörper, der seine größte Breite bei den Schultern erreichte. Genau in derselben Weise waren Hals und Kopf, bis zum Brustbein hinab verzahnt, in den Block des Oberkörpers eingelassen. Die Fuge zwischen Hüfte und Unterleib, von vorne wie ein breites »V« anzusehen, ergab den später so berühmt gewordenen »antiken Beckenschnitt«.

Auf diesem sicheren Gerüst, das wie eine Architektur aufgebaut war, konnten nun die Bildhauer das Körpervolumen, dem jeweiligen Zweck der Statue entsprechend, in der freiesten Weise anbringen – Muskeln, Haut und Fettpolster ergaben die Modellierung des Körpers, der zum ersten Mal in der Kunstgeschichte als ein lebendiger, atmender, individuell beseelter Organismus aufgefasst war und nicht mehr als ein zum Symbol gewordenes Kompositionsschema.

Und hier, im Gesamthabitus der griechischen Statue, der auch von den Vasenmalern auf die Figuren der Vasenzeichnungen übertragen wurde, setzt nun der große Irrtum über die Proportionen in der Antike ein, der größtenteils auf einer optischen Täuschung beruht.

Die klassische griechische Figur, besonders die des fünften und vierten Jahrhunderts vor Christus, wirkt *schlank*, und in vielen Fällen ist sie es auch. Sie ist es aber nicht mehr, weil die Körperform einem bestimmten hieratischen und stilistischen Diktat unterliegt wie etwa bei den Ägyptern oder auf Kreta, sondern weil der Künstler im vorliegenden, besonderen Fall eine betont schmale Linie haben wollte. Besieht man sich aber die griechische Normalfigur, wie sie insbesondere auf den Vasenzeichnungen des rotfigurigen Stils etwa ab 520 vor Christus vorherrscht, so wird man durch Vergleich der einzelnen Körperpartien nach Augenmaß leicht feststellen, dass die griechischen Künstler in der Regel kräftige, gedrungene Typen des sogenannten »pyknischen Habitus« vor Augen hatten. Insbesondere die zahlreich vorkommenden Darstellungen von Athleten,

Bacchanten und Bacchantinnen, von Faustkämpfern, tanzenden Zechern und Hetären etwa auf den Gefäßen des Euthymides, des Euphronios, des Phrynos-Malers, des Kleophrades sowie des »Berliner« Malers lassen keinen Zweifel darüber, dass die griechischen Künstler durchaus wohlgenährte, vollrunde, gut gepolsterte Kameraden und Damen des mediterranen Typs als Modelle vor sich hatten. Gerade die Athleten und Faustkämpfer des Euthymides und die entsprechenden Liebesdienerinnen singen in dieser Beziehung ein Lied vom vollendeten Körperglück, vom Genuss einer wohldosierten Kraftnahrung ohne Reue.

Woher aber der Glaube an die besonders »schlanke Linie« der griechischen Figuren, deren klassisches Maß ja auf

europäischem Boden bis weit in die Neuzeit, über Renaissance und Klassizismus hinaus für die bildende Kunst maßgeblich war? Das ist nicht schwer zu erklären, ist doch die griechische Figur im Rückblick späterer Geschlechter immer noch erstaunlich schlank im Vergleich zu den »fatties«, den ungeheuren Fettwänsten des Orients und den in sich versunkenen Massen des Fernen Ostens.

Zweitens sind die griechischen Figuren fast immer unbekleidet oder nur leicht angezogen. Drittens aber, und das ist nun ein entscheidender Punkt: Die griechische Figur ist leicht idealisiert und wirkt dadurch in sich harmonisch, ausgeglichen, wohlgefällig und angenehm. Das Volumen wird über dem Wohlklang der Umrisslinie (der Kontur) nicht gesondert wahrgenommen.

Das ist wohl der tiefere Grund der »griechischen Täuschung«, wie wir sie nennen wollen. Die Harmonie, der Ausgleich macht's. Die Probe aufs Exempel kann jeder leicht für sich anstellen, wenn er eine solche Figur einmal genau studiert und nun versucht, sie im heutigen Stil modern anzuziehen. Da würde sich bald herausstellen, dass die Bluejeans über die prachtvollen Hinterquartiere so mancher griechischen Hetäre kaum drüberging, dass die

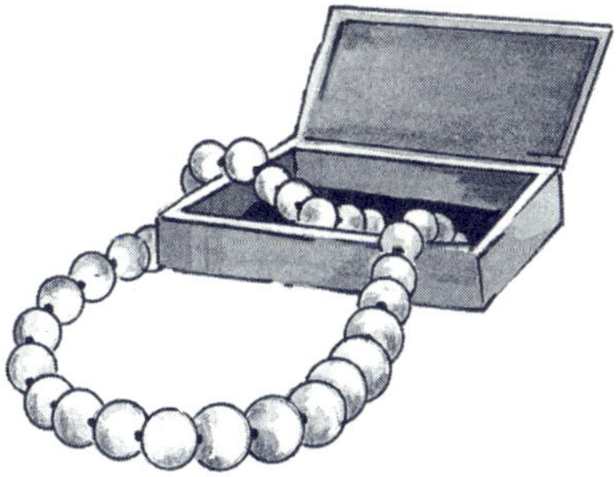

Oberweiten im Ausverkauf schon am ersten Tag vergriffen wären und dass mit Overalls und Karottenhosen höchstens ein komischer Effekt zu erzielen wäre. Ja, selbst die berühmteste, zu allen Zeiten als »klassisch« angesehene Statue, die »Venus von Milo« (im Pariser Louvre), würde einen heutigen Schneider der Haute Couture in Verlegenheit bringen, wenn er daran ginge, ihr ein passendes Abendkleid zu entwerfen. Er müsste den Brustausschnitt schon sehr geschickt drapieren, die Bänder über den Schultern schon sehr fest anbringen, und den Rock der Saison müsste er mehrmals umarbeiten, um der gewaltigen Hüftpartie einigermaßen gerecht zu werden.

Mona Lisas Brustumfang

Eine ähnliche Erfahrung würden wir vermutlich mit einer anderen berühmten Frau der Kunstgeschichte machen, mit Leonardos weltbekannter »Gioconda« oder »Mona Lisa«. Der schmale, von langen Haaren umrahmte Gesichtsausschnitt, die betont schlanken, fein übereinander gelegten Hände täuschen dem flüchtigen Betrachter eine wohlgefällige Schlankheit vor. Aber wehe, wenn wir diesen Brustkasten einmal unter die Lupe nehmen und stereometrisch zu vermessen beginnen. Da würde der Glaube an das klassische Schönheitsideal wohl sehr bald in die Brüche gehen, und wir würden verwundert zu grübeln anfangen, mit welchem Kostenaufwand eine solche Figur heute für eine exquisite Dachgartenparty gesellschaftsfähig zu machen wäre.

Worin liegt also das Geheimnis des griechischen Schönheitsideals? Zuallererst in seiner Humanität, in seiner menschenfreundlichen Offenheit, seinem Geöffnetsein für jede Art menschlicher Proportion, und dann natürlich in dem unnachahmlichen Zauber der Form, in der charmanten, höflich-verständnisvollen Bereitschaft, auf das Besondere jeden Formcharakters einzugehen.

Ziehen wir das Fazit unserer historischen Betrachtung, so müssen wir sagen:

Das Mollige ist aus dem Kosmos der antiken Menschendarstellung nicht ausgeschlossen. Im Gegenteil, es wird bejaht, und es wird in einem Ausmaß, über das wir uns heute kaum Rechenschaft geben, in das Repertoire der bildenden Kunst aufgenommen.

Die füllige, ja sogar die vollrunde Frauengestalt gehört zum täglichen Brot des antiken Bildhauers.

Wir möchten aber das, was der unbefangene Augenschein unmittelbar zu verstehen gibt, noch von einer tieferen, sozusagen mythologischen Position her erfassen. Hierzu gibt es in der griechischen Philosophie Erklärungen oder zumindest Ansätze dazu.

Wir meinen damit jene merkwürdige Stelle in Platons »Gastmahl«, wo von der körperlichen Beschaffenheit des Menschen und dem, was ihn zur Liebe fähig macht, die Rede ist. Platon lässt nämlich bei diesem Gastmahl im Haus des Agathon einen der Tischgäste, den berühmten Komödienschreiber und Satiriker Aristophanes – er gehört zu den gescheitesten Männern, die je gelebt haben –, etwa Folgendes ausführen: Die verschiedenen Arten der Liebe und die verschiedenen Grade ihrer Hitzigkeit, Schärfe und Leidenschaft rührten im Grunde davon her, dass sich die in Leidenschaft Befangenen, über die der Dämon Eros Macht gewonnen hat, an einen Urzustand der Menschheit erinnerten, der zwar längst aus dem Gedächtnis entschwunden sei, der aber gerade im Zustand der Liebeserregung wieder seinen Einfluss geltend mache.

Als der Mensch noch eine Kugel war

Vor Zeiten nämlich seien die Menschen von völlig runder Gestalt gewesen, anzuschauen wie Kugeln mit vier Armen, vier Beinen und zwei Köpfen für jeden Tropf. So seien sie mit großer Behändigkeit über die Erde mehr gerollt als gelaufen und hätten sich sogar eines Tages erdreistet, kraft ihrer Geschicklichkeit, es mit den Göttern aufzunehmen. Das habe nun Zeus denn doch erzürnt, und er habe beschlossen, den allzu dreisten Menschen eine Lektion zu erteilen.

Er befahl dem Apoll, alle diese Menschenkugeln in der Mitte durchzuschneiden und aus ihnen Wesen mit zwei Armen, zwei Beinen und einem Kopf zu machen. Das tat Apoll, und er vernähte die Enden der Haut über dem Bauch dort, wo heute der Nabel ist, so dass dieses Merkmal immer noch an die einstige Gestalt erinnert.

Die Köpfe der halbierten Menschen aber habe Apoll aus Mitleid nach vorne gedreht, so dass sie sich, wenn sie einander begegneten, ansehen und auch von Angesicht zu Angesicht begatten konnten.

Und so sei es nun gekommen, fährt Aristophanes fort, dass jedes Mal, wenn ein Mensch, der ja eigentlich nur die Hälfte dessen ist, was er einmal war, unter der Macht des Eros sich einem anderen zuwendet, um ihn mit Sehnsucht zu umarmen, dass also der Mensch in seinem Liebesdurst das zu finden hoffe, was er einstmals als seine andere Hälfte verloren habe.

Der mächtige Eros, mit all den Wünschen, Hoffnungen und Enttäuschungen, die er weckt, sei also im Grunde nur das Verlangen der Menschen, ihrem anderen Ich wieder zu begegnen. Das lässt Platon den Aristophanes über die Liebe berichten.

Mag sich diese Geschichte auch skurril anhören, steckt in ihr doch – wie so oft – eine psychologische Wahrheit. Es ist die zu allen Zeiten in den verschiedensten Gestalten und in mancherlei Gewand immer wieder auftauchende Lehre, dass der einzelne Mensch etwas Unvollkommenes ist, ein Geschöpf, das sich nach der Ergänzung durch etwas Gleichartiges sehnt.

Wie auch diese Ergänzung oder »Wiedervereinigung« gedacht sein mag – für die Typenlehre und die Gestaltpsychologie können wir jedenfalls einen ganz sicheren Schluss daraus ziehen:

Der dünne Mensch erinnert nun einmal ganz besonders an die einstige Halbierung des Urwesens. Er erscheint besonders abgetrennt vom Ganzen und dadurch vereinzelt und isoliert.

Wie hoch auch seine sonstigen Fähigkeiten, insbesondere sein Intellekt und seine logische Begabung entwickelt sein mögen, wir trauen ihm bei aller Tüchtigkeit instinktiv doch nur wenig von dem animalischen Urbehagen zu und einen geringen Anteil an dem Lebensstrom, der aus der Mitte der mütterlichen Ganzheit fließt.

Behalten wir diese psychologisch-bildhafte Grundregel im Auge, so wird sich manches Phänomen der Kunstgeschichte, dem wir bisher nur ratlos oder zweifelnd gegenüberstanden, plötzlich ganz einfach und einleuchtend erklären lassen.

Vom dünnen, bleichen Sünder

Wir haben eingangs die merkwürdige Entscheidung der spätmittelalterlichen Magerkeit kopfschüttelnd betrachtet und haben dann auch den bis zur twiggyhaften Dürre getriebenen Schlankheitsfanatismus der »neuen Linie« im nordwestlichen Europa seit 1920 kritisch beleuchtet.

Beide Erscheinungen finden im Licht dessen, was der Dichter Aristophanes seinen Tischfreunden beizubringen versuchte, eine ganz überraschende, neue Erklärung. Für den Künstler des späten Mittelalters, also vor allem des von Glaubenskämpfen, gesellschaftlichen Krisen und Katastrophenangst geschüttelten 15. Jahrhunderts, ist der Mensch das aus der Gnade Gottes und dadurch aus der Mitte des Lebens gefallene Geschöpf. Der dünne, bleiche Mensch auf den Bildern etwa des Dieric Bouts oder des Hieronymus Bosch ist der »Sünder« im Sinne der christlichen Erlösungslehre.

Das also, und nicht milieubedingte Unterernährung, ist der Grund seiner auffallenden Schlankheit.

Ganz im gleichen Sinne, nur mit veränderten Vorzeichen, ist das blühende Vollweib im Bilderatlas des Peter Paul Rubens das Signal für alle Gläubigen, dass der Erdenmensch nach siegreicher Gegenreformation nun wieder in den Strahlenkreis der Gnadensonne getreten sei. Die Fülle symbolisiert die Rückkehr zu einem neuen, gottnäheren, paradiesähnlichen Lebensgefühl.

Hier erkennen wir also einen verborgenen metaphysischen Sinn für die Kalorienbilanz im Werk des Künstlers. Sollte es da nicht gelingen, auch für die moderne, steckerlhafte Dünnheit in der westlichen Mode seit 1920 eine metaphysische Erklärung zu finden?

Das Kriegsende 1918 bedeutete für Millionen den Zusammenbruch einer bis dahin für sicher und unumstößlich gehaltenen Staats- und Sozialordnung. Das Hinausgeworfensein in die nun nüchtern und illusionslos gewordene Welt des Industriezeitalters ließ alte Bindungen mit einem Schlag abreißen und stellte jeden, je nach Alter und Fähigkeiten, vor das Problem, für sich selbst eine neue, wenn auch noch so bescheidene Existenz aufzubauen.

Das Jahr 1920 bedeutet unter anderem den größten Schub in der seit Jahrzehnten im Gang befindlichen Frauenemanzipation. Was bis dahin eine belächelte beziehungsweise beargwöhnte Ausnahme war, nämlich das »studierte Weib« und die berufstätige Frau, wurde nun unter dem Druck der Not zur Selbstverständlichkeit und die Gleich-

stellung mit dem Mann zu einer sittlich-sozialen Forderung. Was Wunder, wenn diese Forderung zuerst da ansetzte, wo sie am schnellsten zu verwirklichen war und zugleich einen ungeahnten demonstrativen Effekt versprach? So ging es also los:

Das Mädchen sollte (und wollte) aussehen wie der gleichaltrige Junge, die junge Frau wie der smarte, sportliche Mann. Die »Frau als Kamerad« wurde zur programmierten Zielvorstellung.

Die Taille eng, die Röcke kurz, der Busen flach, die Nase keck emporgereckt, die Haltung sportlich-leger, die Rede kess und altklug – so begann die Revolution der »neuen Linie«, und als dann noch – es muss um 1925 gewesen sein – die Haare fielen (oft um den Preis selbst heraufbeschworener Familienkatastrophen), da war der Siegeszug der neuen Welle nicht mehr aufzuhalten, der Bubikopf (man beachte die Wortbildung) wurde zum Fanal, zum Siegeszeichen einer neuen Gesinnung, eines neuen Lebensstils.

Neue Zeiten – neue Sitten

Wenn sich dann noch wie um 1927 ein gewisser Wohlstand ankündigte, eine »prosperity«, die von Amerika herüberkam, wenn Charles Lindbergh, der schlaksige Junge, sozusagen mit einem Kanister Benzin den Ozean überflog, wenn Schauspielerinnen wie Erika von Thellmann, Maria Bard und Edith Schultze-Westrum, jede schlank wie ein Tannenreis, sich auf die Bühne stellten und dem schmunzelnden Publikum die Tagesbefehle einer frechen Mode vorführten, wenn neue Tänze sich durchsetzten, die überhaupt nur von Schlanken getanzt werden konnten – ja, da war es dem letzten Provinzler klar, dass die Welt einen Sprung gemacht hatte, dass ein neues Zeitalter der Mode, des Geschmacks und der Sitten angebrochen war.

Wir sehen aber auch – ermutigt durch Platons scharfen Blick –, wie die ganze Sache entstanden ist und woher sie kam: Sie kam aus Not, Elend und Katastrophen. Sie war die Antwort einer aufs Äußerste herausgeforderten Generation auf eine noch nie erfahrene Bedrohung. Und sie war – vor allem – die Antwort einer Generation von aktiven Menschen – auch der aktiv gewordenen Frau. Die Menschen waren wieder einmal in der Mitte auseinandergeschnitten worden und mussten sehen, wie sie durch doppelte Anstrengung ihr Leben behaupten konnten.

Und das ist das Signum des modernen, emanzipierten, von Bindungen traditioneller Art befreiten Menschen der westeuropäisch-angelsächsischen Gesellschaft: Für den Triumph der schlanken Linie, der immer sportlich getrimmten, makellosen Figur, hat er etwas von dem lassen müssen, was ihn in primitiven Zeiten wie eine schützende Hülle umgab: das Stück mediterraner Pummeligkeit, das ausgleichende Quäntchen begütigender Fettsubstanz.

Erst von dieser Warte historisch-vergleichender Formanalyse erkennen wir nun auch die Botschaft und die wichtige Aussage der neueren Kunstgeschichte, wie sie sich im fülligen Frauenbild der großen, der Mode nicht unterworfenen Künstler wie Renoir, Maillol, Anders Zorn, Henry Moore und auch Fernando Botero manifestiert:

Es ist die Erinnerung an die verlorengegangene Fülle, an die elysischen Gefilde einer frei von Modezwängen sich natürlich vollendenden Form.

Es ist die von begnadeten Künstlern erahnte und formsicher erfasste Gegenposition zu der sich selbst verlierenden, einem unbekannten Ziel nachjagenden, rekordsüchtigen und doch ewig rekordenttäuschten, in ihrer Existenz halbierten, gehetzten und von einer Aktivität in die nächste getriebenen, sich selbst an ihrem Tempo messenden und doch stets hinter sich zurückbleibenden, konfektionskonformen Menschheit des zwanzigsten und wohl auch einundzwanzigsten Jahrhunderts.

Fassen wir daher die Erkenntnisse, die uns unsere Tour durch 4000 Jahre Kunst- und Geschmacksgeschichte vermittelt hat, folgendermaßen zusammen: Die Molligen in der bildenden Kunst sind Menschen unserer Zeit, gleichzeitig haben sie aber Botschaften aus den Tiefen der Vergangenheit zu vermitteln; sie stehen der Urschöpfung näher als die in späteren Jahrtausenden herangezüchteten Elitemannschaften der Dünnen; das Männlich-Weibliche vermischt sich bei ihnen inniger und harmonischer als in irgendeiner anderen Daseinsform. Sie erinnern an die anfängliche Geborgenheit des Menschen in einer Gestalt, und insofern sind sie die wiedergeborenen Engel des verlorenen Paradieses, nämlich der ursprünglichen Einheit der Schöpfung. Sie sind archetypisch im Zentrum des sich entfaltenden Lebens verwurzelt und haben so – als Sinnbilder – eine fortdauernde Funktion in der menschlichen Phänomenologie. Geistig-seelisch verbindet sich bei den Übergewichtigen der Vorteil der inneren Linie mit einer beneidenswerten Balance aller seelischen Triebkomponenten und Ausgleichskräfte. Sie sind extremen Spannungen und Grenzsituationen weniger ausgesetzt als die Normalgewichtigen. Eine von Dicken regierte Welt müsste gewaltige Vorteile gegenüber unserer jetzigen aufweisen.

KAPITEL 10

Anders sein – die große Chance

Dass der Spruch »Er (sie) kam, sah und siegte« vermutlich nicht auf einen dicken Menschen gemünzt war, haben alle Wohlbeleibten schon mehrmals in ihrem Leben erfahren. Dinge, die anderen einfach in den Schoß fallen, müssen wir uns in der Regel erst erarbeiten. Wer schon einmal mit anderen Bewerberinnen, die weniger üppig ausgestattet waren, im Vorzimmer eines Personalchefs gesessen hat, kennt den prüfenden Blick, der auf einer Dicken etwas fragend und eindeutig länger ruht als auf schlanken Mitbewerberinnen. Und die ängstliche Frage, die man sich dann stellt: Was denkt er wohl über mich? Hat er Vorurteile? Denkt er, eine Dicke sei langsamer, träge und geistig weniger beweglich als eine Schlanke?

Überdurchschnittlich – in jeder Beziehung

Jemand, der weiß, dass er nicht »perfekt« im herkömmlichen Sinn ist, wird gerade deshalb bemüht sein, sein äußeres »Manko« durch individuelle Qualitäten auszugleichen. Da wir Dicken wissen, dass es die oben erwähnten Vorurteile unausrottbar gibt, zeichnen sich viele von uns durch besonderes Engagement und durch Schnelligkeit aus. Dieses Verhalten ufert manchmal sogar ins Extreme aus, und wir verlangen von uns Höchstleistungen, die wir anderen niemals zumuten würden. Das heißt, Rundliche werden leicht zu Opfern von Ausbeutung und Selbstausbeutung. Was die Kollegin von nebenan scheinbar nur mit einem Lächeln und schicken neuen Kleidern erreicht (natürlich in Wahrheit auch ein Vorurteil, nur in die andere Richtung!), muss sich ein Pummelchen durch exzellentes Können und viele unbezahlte Überstunden erarbeiten. Wenn man sich die »Unentbehrlichen« in einer Firma mal genauer anschaut, so sind das sehr oft – neben dem älteren, unverheirateten Arbeitstier – mollige Frauen, die das »Herz« eines Betriebes darstellen.

Diese Wechselwirkungen von Minderwertigkeitsgefühlen und Selbstausbeutung mögen ja Ungerechtigkeit signalisieren. Andererseits birgt dieses Verhalten auch Karrierechancen; eine erfolgreiche Runde ist meistens überdurchschnittlich erfolgreich.

Die Kunst, gute Anlagen zu kultivieren

Die vorgenannten Beobachtungen gelten fürs Privatleben ebenso wie für den Beruf. Ein Mensch, dem die Erfolge nur so zufliegen, ohne dass er allzu viel dafür tun muss, sollte misstrauisch werden. Jemand, der weiß, was er dafür getan hat oder tut, kann nicht so sehr überrascht oder getroffen werden, wenn sich Schwierigkeiten oder neue Hindernisse aufbauen. Geübt ist geübt. Runde sind es gewohnt, für ihre Beliebtheit etwas zu tun. Ihre guten Anlagen – seien es Intelligenz, Charme, Herzenswärme, gutes Aussehen – wollen liebevoll gepflegt sein und sollten konsequent zur Hochblüte gebracht werden. Nachlässigkeiten im Äußeren oder Launenhaftigkeiten im Umgang mit anderen werden sie sich weniger oft gestatten, als Normalgewichtige das tun. Wer also für seine natürliche (nicht aufgesetzte) Freundlichkeit und seinen Charme bekannt ist, sollte das als Verpflichtung betrachten. Man darf solche Glücksgaben nicht einfach als gottgegeben hinnehmen, sondern sollte sich ihrer bewusst und dankbar dafür sein.

Der einzige Unterschied zwischen einem Heiligen und einem Sünder ist, dass der Heilige eine Vergangenheit hat und jeder Sünder eine Zukunft.

OSCAR WILDE

KAPITEL 11

Das Leben leben und genießen

Irgendwann – am besten nach der Lektüre dieses Buches – sollte man beschließen, die Welt nicht mehr in dick und dünn einzuteilen. Sie ist schön, bunt und vielfältig – und wir alle, ganz gleich, ob dick oder dünn, sind ein Teil davon.

»Alle Lust will Ewigkeit« – so lautet eine berühmte und sehr wahrhaftige Gedichtzeile von Friedrich Nietzsche. Das Gesamtgedicht ist jedoch eine Mahnung – »O Mensch gib Acht« – eine Mahnung an das Ende, das uns alle ausnahmslos erwartet. Der Tod ist die einzige sichere Gerechtigkeit, die wir Menschen zu gewärtigen haben. Ohne Unterschied.

Bis dahin ist uns das Leben geschenkt. Und ob darin Freude und Liebe herrschen, bestimmen wir weitgehend selbst. Natürlich weiß auch ein hoffnungsloser Optimist sich von einem Toren zu unterscheiden, indem er nicht vom Leben erwartet, dass es kummerfrei zu sein hat. Niemand hat uns bei der Geburt einen Rosengarten versprochen. Wer aber soll uns daran hindern, uns selber einen anzulegen? Was ist das für ein armseliges Leben, das von Verzicht und in der Folge Freudlosigkeit geprägt ist? Was ist das für ein seltsames, völlig unvernünftiges Verhalten, aus Angst vor der Meinung anderer ein vielleicht langes, aber dafür langweiliges, liebloses Leben zu leben? Es kommt doch nicht auf Äußerlichkeiten, sondern auf Qualität an. Es stimmt schon, dass wer schläft, nicht sündigt. Aber auch, dass wer nicht sündigt, das Leben verschläft. Und steht nicht schon in der Bibel: »Wer von euch ohne Sünde ist, der werfe den ersten Stein.«?

Gegen Zielsetzungen ist nichts einzuwenden,
sofern man sich dadurch nicht
von interessanten Umwegen abhalten lässt.

MARK TWAIN

Es lohnt sich, gelegentlich in das Buch der Bücher zu schauen. Da begegnet uns im Alten Testament die Welt, wie sie ist und immer war, und im Neuen eine Welt, wie sie sein soll, eine des Verzeihens und der Zugewandtheit.

Wer sich ewig sorgt und ängstigt, ändert nichts, vergällt sich aber das Dasein. Das Leben ist so wundervoll – und es gibt nur das eine. Nie werden wir all seine Schönheiten kennen lernen, nie alle Genüsse genießen können, die es bereithält – die Fülle der Möglichkeiten ist einfach für ein einzelnes Leben zu groß. Aber versuchen, versuchen sollten wir es doch.

Register